비우고 나니
채워지더라

비우고 나니 채워지더라

초판 1쇄 발행 2022년 9월 5일

지은이 최준배
펴낸이 장길수
펴낸곳 지식과감성#
출판등록 제2012-000081호

교정 양수진
디자인 이은지
편집 이은지
검수 김우연, 이현
마케팅 고은빛, 정연우

주소 서울시 금천구 벚꽃로298 대륭포스트타워6차 1212호
전화 070-4651-3730~4
팩스 070-4325-7006
이메일 ksbookup@naver.com
홈페이지 www.knsbookup.com

ISBN 979-11-392-0651-7(03810)
값 15,000원

지식과감성#
홈페이지 바로가기

비우고 나니 채워지더라

글 최준배

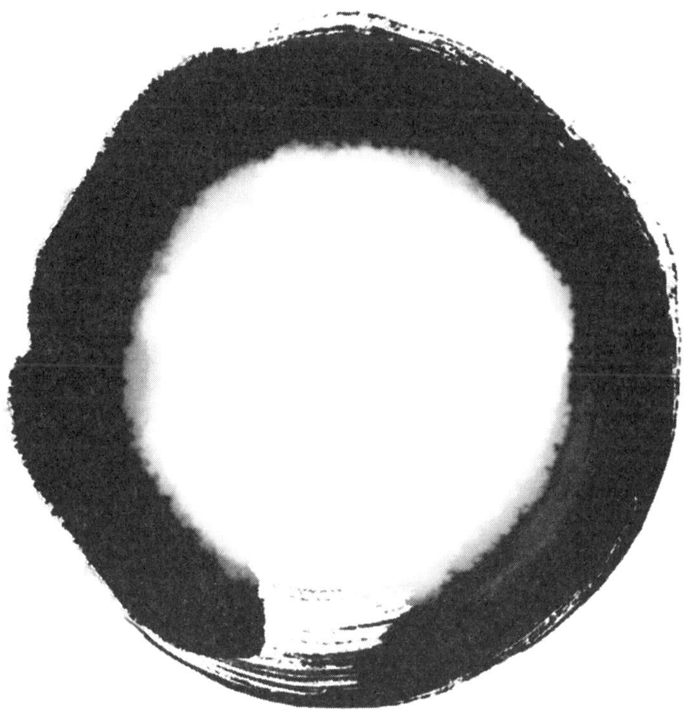

지식과감성#

예린이의 첫돌을

축하하며

프롤로그

살아가면서 얻는 것도 많았지만 잃는 것도 적지 않았다.

삶이란 뭔가를 계속 채워가야 하는 것으로 알고, 뭔가를 잃어버렸을 때에는 상실감에 실망하고, 괴로움에 잠 못 이루는 시간도 있었다. 그럴 때마다 나를 돌아보게 되었고 결과적으로 더 큰 성장의 희열을 경험하였다.

나이가 들어가며, 배워 새로운 것을 알고 보태기보다는 나를 돌아보고, 가슴속 쌓여있던 편견과 선입견을 걷어내고 욕심을 줄여가며 나를 비워가는 시간이 많아졌다. 비우고 난 그 자리에는 어느새 반짝이는 깨달음이, 따스한 연민이, 그리고 지극한 행복이 새록새록 채워지는 것을 볼 수 있었다.

그런데 무엇보다도 놀라운 것은 이러한 의식변화의 원천은 '나'라는 개체적 존재의 자유의지가 아니라 '또 다른 나'라는 내면의 큰 힘으로부터 자연스럽게 흘러나온다는 것을 알게 되었다.

그동안 당연하다고 생각했던 것의 의미를 새롭게 깨달아가는 것에 적지 않은 기쁨을 느낀다. 계절의 변화에 따른 주위의 미세한 반응과 움직임에 민감해지고, 평범한 일상에서 이전에 느껴보지 못했던 미적 감흥과 가슴 뛰는 설렘을 맛보게 된다.

이러한 미묘한 감성적 체험과 깨달음은 나의 삶에 풍요로움과 정신적 가치를 더해주고 행복한 삶의 원천이 되었다.

언제부턴가 안경을 멀리하게 되었다.

그렇다고 눈이 좋아진 건 아니다. 나이 들어 눈이 침침해지는 건, 바깥보다는 내 마음속을 더 들여다보라는 메시지로 받아들여, 눈에 보이는 세상에 불필요한 관심을 줄이고 눈에 보이지 않는 세상에 더 많은 관심을 가질 수 있어서 좋았다.

이런 현상이 어디 눈뿐이겠는가?

청각이나 후각, 미각 등 다른 감각기능도, 마치 겨울 눈의 무게를 못 견뎌 넘어지는 설해목(雪害木)처럼 세월의 무게를 못 견뎌 점점 떨어지고 있는데, 이것도 같은 맥락에서 자연스러운 일로 편하게 받아들이게 되었다.

에고가 짜증 내려고 하면 한마디 똑 쏘아준다.

"저들이 나를 위해 얼마나 수고를 많이 했는데 그러니? 그동안 고마웠어! 여태 고생 많이 했으니 이제는 좀 쉬도록 놔둬도 괜찮아!"

이렇게 말하며 내면을 들여다보는 나를 본다.

세월은 이제 외부의 대상에 끄달리지 말고, 영혼의 숨결을 느껴보라고 한다. 나를 채우기 급급한 에고의 욕망을 잠재우고 영성을 깨우라고 한다.

그동안 내가 학교나 직장에서 힘들여 배우고 익힌 지식은 생존의 수단으로서 의식주 문제를 해결하는 데는 도움을 주었지만, 자연과 더불어 깨어있는 삶을 사는 데는 영향을 미치지 못하였다.

삶의 동력은 물질과 지식의 충족이나 안전한 일상이 아니라 통찰하는 일상과 영성의 깨우침이고, 살아간다는 것은 이것을 체험하고 깨달아가는 과정이었다.

나의 삶의 여정은 외롭지 않다.

세상에 나 홀로 존재하는 듯했을 때 다가와 따듯하게 두 손을 잡아주고, 내가 힘들 때 연민의 눈으로 바라보며 힘내라고 도닥여주는, 든든한 나의 멘토들이 있다.

이 친구들과 함께 노니는 정원 산책은 행복하다.

산책하는 동안 나누는 대화는 흔들리는 정신을 바로 세워주었고, 세상을 보는 눈길에 새로운 빛을 밝혀주었다.

그들은 한결같이 말했다.

"당신의 내면을 보세요. 지금 당신이 힘든 건 아직 자신이 누구인지 모르기 때문이에요. 그리고 자신을 진정으로 사랑하지 않기 때문입니다."

이 책에 쓰인 글들은 한 인간이 일상에서 생각하고 고뇌했던, 진솔한 성찰의 흔적이다.

또한 이 글은 나 혼자만의 독백이 아니다. 책을 읽으며, 산책하면서 나눈 멘토들의 지성과 영성이 한데 어우러진, 나와 멘토의 합작품이다. 그러니 이 책이 출간된다면 누구보다도 나의 멘토들에게 이 공을 돌리고 싶다. 그들도 역시 기뻐할 것이다.

아무쪼록 이 글이 남을 가르치려는 꼰대의 소리가 아닌, 부단히 나를 돌아보고 비우고, 깨달아 새롭게 채워가는, 설렘이 있는 삶을 살기 위한, 한 인간의 몸짓으로서 이해되기를 바란다.

독자에게 공감과 삶의 변화를 주지 못하는 글은 소음일 뿐이다. 부디 독자의 공감과 소리 없는 변화를 가져오는 데 조금이나마 도움이 되었으면 좋겠다.

'Ancora Imparo'('나는 아직도 배우고 있다')

미켈란젤로가 시스티나 성당의 천장 그림을 완성한 뒤, 스케치북 한쪽에 적어놓았다는 글귀다. 그의 나이 87살에.

나 역시 아직 갈 길이 아득하게 느껴지지만, 생이 다할 때까지 서두르지 않고 배워갈 뿐이다. 살아가며 경험하는 대상이나 당연하다고만 생각했던 것에 대하여 낯설게 바라보고, 새로운 질문을 던지며, 부단히 배우며 살고 싶다.

그동안 나만의 시간에 탐닉하여 대화의 시간이 줄어든 가족이나 친구에게도 미안함과 이해를 구한다.

2022년 가을이 오는 길목에서

최 준 배

목차

1장

일상이 기적인 것을

관계 속의 나

나는 얼마 전 자동차 시트 원단을 제조 가공하는 공장에서 한 장애우의 직무지도사로 일을 했던 적이 있다. 우리가 맡은 일은 공장 내 다른 공정에서 소가죽으로 된 원단을 도안하고 자른 것을 수건으로 깨끗하게 닦아내는 아주 단순한 일이었다.

이 공장에서는 약 300명의 인원이 각기 세분된 12개 공정에서 일을 하는데, 우리가 속한 공정에서는 약 10여 명이 일한다. 우리가 닦은 소가죽 원단은 포장되어 시트를 만드는 타 공장으로 보내지고, 거기서 시트가 완성되면 다시 자동차 조립하는 공장으로 보내질 터이다. 이렇게 하나의 자동차 시트가 원단에서부터 제작되는 과정을 얼른 따져보아도 적지 않은 과정을 거치는 게 그려진다.

자동차에 들어가는 부품의 수가 무려 2만 개나 된다고 하는데, 자동차 한 대를 완성하는 데 얼마나 많은 부품별 제조공정을 거치게 될까? 게다가 하나의 작은 부품을 생산하기 위해서 원재료를 채취하고 운반하여 가공하는 일까지 감안한다면 머릿속이 하얘진다. 가히 상상이 안 간다. 공정마다 사람의 손을 거치게 될 터인데 -요즘은 로봇으로 인력을 대체하는 공정도 있겠지만- 한 대의 자동차 완성에 관여하는 사람의 수는 아마도 수십만 명 아니 그 이상이 될지도 모른다.

내가 매일 편리하게 이용하는 차를 만들기까지 이렇게 많은 사람의 노고가 담겨있었다.

이게 어디 차뿐이겠는가.

우리가 일상생활에 필요한 거의 모든 물건이 모두 이런 과정을 거쳐 이용하게 되는 것이었다. 지금 입고 있는 옷, 쓰고 있는 스마트폰, 책상, 노트, 펜, 읽고 있는 책, 그리고 좀 더 시야를 넓혀 침대, 창문, 전기와 먹는 물에 이르기까지 끝이 없다. 심지어 내 몸조차 부모님의 희생에 힘입어 태어나 길러지지 않았나.

여기다 눈에 보이지 않는 정신적인 것까지 생각한다면, 지금 '나'라는 존재는 모두 타인의 손을 빌려서 가능한 것이었지, 나 스스로는 불가능하다고 해도 과언이 아닐 것이다. 나는 결국 타자의 도움 없이는 한순간도 온전히 존재할 수 없다. 이렇게 생각하니 하나부터 열까지 거저 감사하며 살 수밖에 없다. 감사! 감사! 또 감사하며.

감사함은 나에게 도움의 손길을 준 사람이나 희생되어 먹이가 된 동식물은 물론, 간접적으로 영향을 준 모든 대상을 향한 고마움을 표출하는 행위다.

예컨대 내가 암에서 극복하게 된 것은 수술을 담당한 의사나 간호사, 옆에서 수고해준 배우자는 물론, 병원체를 물리치게 한 치료제를 개발한 과학자, 신약 개발을 위해 희생된 쥐나 돼지 등 실험용 동물들에 이르기까지 수많은 이들의 노고와 희생 덕분이었다.

이렇게 도움의 범주를 확대해간다면, 나의 병을 고치게 된 것은 수백, 수천 명, 아니 수십만 명 이상의 도움이 있었기에 가능하였다.

한 생명이 존재하기 위해서는 주위의 인간과 자연은 물론, 위로는 창조주부터 해와 별 등 온 우주가 관여하여 가능한 것이었다!

각각의 생명체가 갖는 소중함과 신비로움을 재인식하게 되었다. 지금 '나'라는 존재 자체가 기적이며, 내가 경험하는 이 기적의 순간은 허투루 흘려보낼 수 없는 소중한 것이다. 지금 여기, 순간의 의미를 새기고 충만한 즐거움을 맛보며 감사하며 살아야겠다.

며칠 전 늦은 저녁 시간 산책길에서 경험했던 일이 생각난다.

좁은 오솔길에서 친구인 대나무가 있는 숲을 지나던 때였다. 가까이 다가가 친구를 쳐다보았다. 한결같이 변함없는 든든함이 좋다. 얼마 전에는 내 키와 비슷했는데 이젠 내 키의 두 배 정도가 되어 올려다봐야 할 정도로 훌쩍 커버렸다. 친구 뒤편엔 여전히 세 그루의 튼실한 소나무들이 친구 주위를 둘러싸 바라보고 있었다.

문득 고개를 들어서 주위를 둘러본다. 훈훈한 분위기가 느껴진다. 초목들 역시 서로의 따스한 눈길을 주고받으며 무럭무럭 생장해가고 있었다. 이들도 사는 게 녹록하지 않을 터이지만, 이 좁은 땅 위에서도 곁에서 서로를 바라보며 조화롭게 살고 있었다. 세상은 이렇게 서로 어우러져 도우며 살아가는 큰 터전이었다. 조그마한 깨달음이 왔다.

우리 인간도 홀로 살아가는 존재가 아니라 이들처럼 더불어 도움을 주고받으며 살아가야 하는 존재다.

인류 문명사를 보면 고대 강줄기를 따라 공동체를 이루고 생활의 터전을 일궈왔다. 척박한 환경에도 불구하고 서로 도우며 굶주림과 추위에서 벗어나기 시작했고, 인구가 늘어나 도시가 형성되자 밀집된 공간 속에서 서로의 이해관계가 얽힘에 따라 법과 도덕이 생겨나기 시작했다.

아울러 각자 생산한 상품을 거래하기 위해 화폐가 만들어지고 상업이 발달하게 되면서 인간은 전보다 더욱 풍요로운 물질문명을 누리게 되었다.

그러나 한편으로 집단 속에서 살아남기 위한 경쟁의식에 눈을 뜨고, 이웃 나라를 빼앗기 위해 전쟁을 일으키는 등 개인과 집단의 끝없는 욕심으로 인류는 또다시 고통의 소용돌이에 빠지게 되었다.

현대병이라 일컫는 우울증이나 정신질환의 주요인이 지나친 경쟁의식과 분에 넘치는 욕심이라는 것은 누구나 잘 알고 있지만, 쉽사리 통제하기가 어려워진 상황이 되어버렸다. 물질문명에 길들여진 인간은 점점 물질의 노예가 되었고 분에 넘치는 욕심으로 인해 개인의 행복감은 더욱 쪼그라들었다.

이제 우리는 어떻게 이 난관을 극복해야 할까.

답은 자명하다. 물질 중심에서 벗어나 물질과 정신의 균형을 회복하는 것이다. 그리고 '나'중심의 사고에서 벗어나 이웃과 더불어 나눔의 공동체 의식을 실행하는 것이다.

신은 우리에게 빛나는 이성과 아름다움을 즐길 수 있는 감성, 그리고 선한 본성에 따라 살도록 고결한 양심을 주었다. 또한 우리 모두에게 저마다 소중한 재능을 주었다. 나는 수많은 타자의 도움으로 살아가는 보잘것없는 존재지만, 한편으로 신이 주신 재능으로 주위의 존재들에게 도움을 줄 수 있는 존재이기도 하다.

우리는 신이 주신 이 귀한 선물을 한껏 계발하고 발휘하여 이웃과 더불어 감사한 마음으로 주고받으며 즐기면 될 뿐이다. 이것이 신에 대한 예의요 은혜를 갚는 길이 아닐까.

글쓰기가 나에게 주어진 재능이니 잘 다듬어서 주변의 이웃에게 도움을 줄 수 있다면 신의 사랑을 받을만하지 않을까.

내가 더욱 사랑스럽게 보인다.

일상이 기적인 것을

녹음이 짙은 초가을 어느 날, 나는 지루한 회의를 끝내고 회의실 문을 열고 나와 사무실로 향하고 있었다. 복도 저 끝에서 동료 직원이 나를 보더니 빠른 걸음으로 다가왔다. 그리고 던지는 말 한마디에 화들짝 놀라고 말았다. 방금 회사 정기 인사발령이 났는데 내가 오지로 발령 났다는 것이다.

이게 웬 말인가?

이 부서에 온 지 1년도 채 지나지 않았는데, 발령이라니!

나는 망연자실했다. 그것도 남들이 가길 꺼리는 오지로!

순간 머릿속에 짚이는 게 있었다.

지난 간부회의에서 내가 회사 정책에 대하여 쓴소리를 한 게 생각났다. 설마 그것 때문일까, 했지만 그것밖에는 생각나는 것이 없었다.

혼란스러운 머리를 싸매고 사무실로 돌아오니 벌써 사무실 분위기가 싸늘하다. 직원들은 나를 보는 눈길을 일부러 피하는 듯했다.

나는 먼저 이 발령의 연유를 알기 위해 회사 돌아가는 상황을 잘 파악하는 선배에게 전화를 했다.

"선배! 이번 인사에서 내가 저 ○○로 발령이 났는데 어떻게 된 건지 아세요?"

따지듯이 묻는 내 말에 선배는 잠시 당황한 듯하다가 천천히 말했다.

"나도 도저히 이해가 안 가네. 발령 난 지 얼마나 됐다고 또 발령을 내나?"

"그렇죠? 이건 분명 회사 인사팀에서 뭔가 착각한 거예요. 오타가 났거나."

나는 맞장구를 치며 당장 인사팀에 달려가 따지겠다고 했다.

그랬더니 선배가 "잠깐! 기다려봐!"라고 하면서 천천히 말한다.

"사실은 말이야, 얼마 전 임원 회의에서 회장님이 자네를 공개적으로 비난했다는 얘기를 들었어. 회사 정책에 반대한다고 말이야."

이 말을 듣는 순간 맥이 쭈욱 빠졌다.

'그래! 바로 그거야! 머릿속을 스쳐 지나갔던 그 이유 때문인 게 틀림없어.'

이제 감이 잡혔다. 회장님의 지시로 내가 오지로 좌천된 거였다.

인사팀에 가서 따져보아도 소용없을 터이다.

눈을 감았다.

가족과 떨어져 몇 년을 지낸다고 생각하니 온갖 상념들이 머릿속에서 요동친다.

'내가 없으면 불편할 게 많을 텐데…. 그렇다면 회사를 그만둬야 하나?'

여기까지 생각을 해봤지만, 마음속에 둔 마땅한 회사도 없었다. 이직은 쉽지 않다고 생각하니 가족들의 생계 문제도 걱정이 되었다. 이런 상황을 빗대어 진퇴양난이라고 하던가. 멘붕이 왔다.

이때였다!

어렴풋이 잠에서 깨어나는 걸 느꼈다.

꿈속의 고뇌가 뱀이 똬리를 틀듯 아직도 뇌 속을 맴돌고 있었다. 하지만 서서히 의식이 돌아오자 내가 꿈을 꾸었다는 걸 확연히 알 수 있었다.

꿈이었다!

휴~ 곧이어 길게 내뿜는 안도의 한숨.

지옥에서 천당으로 솟아 올라온 것처럼 온몸으로 전해지는 행복한 전율!

아직도 꿈속의 악몽이 눈에 어른거린다.

꿈과 현실의 경계가 모호하다. 장자의 호접몽(胡蝶夢)처럼 혹시 꿈속의 내가 지금의 나의 꿈을 꾸고 있는 것은 아닐까?

창 쪽으로 눈을 돌리니 날이 희끄무레 밝아오고 있었다.

확연히 현실로 돌아온 것이다.

그러나 뇌에서는 꿈속의 상황이 다시 소환되었다.

내가 왜 이런 꿈을 꾸게 되었나? 이 꿈의 의미는 도대체 뭘까? 그냥 흔히 꾸게 되는 개꿈인가? 아니면 현재 나의 잠재적 불안이 표출된 것인가? 혹시 꿈속 고통을 통하여 고통 없는 일상의 행복을 깨닫게 하려는 신의 배려인가? 갖은 억측이 난무한다.

일단 현실적으로 지금의 몸이 받아들이는 신호를 그대로 따르기로 한다.

몸은 지금 이 순간, 꿈속의 최악의 상황에서 벗어났다는 것에 신에게 감사함을 느끼고 있었다.

매일 마주치게 되는 단조롭고 반복적인 일상, 특별하지 않고 평범한 일상이 행복으로 다가온다. 거저 주어져 당연한 듯, 눈길 한번 주지 않던 평범한 일상이 알고 보니 기적이었다.

문득 책에서 읽은 북아메리칸 인디언의 얘기가 떠오른다.

> 인류학자들이 지적하듯이 북아메리칸 인디언들에게는 '종교'란

> 말이 없다. 그들의 종교는 일상의 삶, 그 자체이다. 실제로 그들의 일상은 감사와 축복의 성격을 띠는 각종 의례와 기도로 가득 차 있다. 일상의 삶이 그들에게는 종교요, 신비요, 기적이었던 것이다.
>
> (출처: 서정록, 《우리가 이 세상에 온 이유》, 한살림, 2014)

특별하고 기이한 걸 좇기보다는 평범하고 소박한 일상에 만족하고, 매사에 감사할 줄 알고, 자신의 행위가 의례가 되도록 세상에 마음을 열 때, 비로소 일상은 기적이 될 것이다.

그래서 노자가 대교약졸(大巧若拙)이라 했던가?

진짜 정교한 것은 오히려 서투름과 같다고.

식구와 도란도란 대화가 오가고 소박한 밥상이 있는 일상!

이 일상이 바로 기적인 것을 이제야 깨닫게 되었다.

경이로운 한 생명을 맞이하며

아침 일찍부터 부산하다.

목욕하고, 새 옷으로 말쑥하게 차려입고, 새 구두를 꺼내 신고, 우리 부부는 집을 나섰다. 매 순간이 소중한 시간이지만 오늘은 평소와는 다른 특별한 날이다. 코로나로 대면을 미루어오다가 오늘에야 보고 싶은 새 생명을 만나게 되었기 때문이다.

전철을 두 번 갈아타고 드디어 수원 큰아들네에 도착했다.

마침내 여러 겹의 포대에 둘러싸인 신비로운 생명을 보는 진실의 순간이 왔다. 설레는 마음을 진정하며 보고픈 얼굴을 확인한다. 투명하고 해맑은 눈빛이 처음 보는 얼굴이지만 전혀 낯설지 않다.

아이는 기억 속에 저장이라도 하려는 듯 할아버지, 할머니의 얼굴을 뚫어지게 바라본다. 나 역시 눈을 맞추며 아이의 두 눈을 포근하게 응시한다. 아이는 처음엔 살짝 긴장한 듯하더니 곧 미소를 띠며 방긋 웃는다.

이 아이와 난 언제 어떻게 인연이 시작되었을까? 또 어떤 연유로 다시 만나게 되었을까? 생각이 꼬리를 물고 이어졌으나 도무지 알 수 없다. 나는 단지 서로의 삶에 지나친 부담도, 생채기도 남기지 않고, 주어진 인연을 소중히 생각하며 즐겁고 여여(如如)하게 오래도록 이어가고 싶다.

그리고 혹시 이 아이가 세상에 온 목적이 있다면 성취하는 데 나의 존재가 장애가 되지 않고 기꺼이 도움을 주고 싶다.

문득 이 아이가 세상에 태어났을 때 스마트폰 메모장에 남긴 메시지를 다시 음미해보고 싶었다. 폰을 꺼내 조용히 낭독해본다.

> 아가야!
> 이 아름다운 행성, 지구에 온 것을 환영해!
>
> 그리고 선량하고 성실한 아빠와 아름답고 심성 고운 엄마 사이에서 태어난 걸 축하해! 이 할아비와 할미도 동시대에 너를 만나게 되어 부척 가슴이 설레고 기쁘구나.
>
> 앞으로 맞게 될 하루하루가 너에게는 새롭고 놀랍게 여겨지겠지? 이 할아비는 네가 이 세상에 와서 하고 싶은 걸 하면서 너에게 부여된 능력을 마음껏 발휘하며 즐겁게 살아간다면 더 바랄 나위가 없겠구나.
>
> 살다 보면 원치 않은 일도 겪게 될 테지만 실망하지 말고, 주위에 너

를 사랑하고 지켜보며 응원하는 사람들이 있다는 걸 잊지 말고, 힘을 내기 바란다.

아무쪼록 이 아름다운 행성에서 너의 꿈을 마음껏 자유롭게 펼치며 새로운 체험을 즐기길 바란다.

손녀딸 백일에

예린이는
강보에 싸인
날개 없는 천사

천사의 방긋
웃음 한 움큼에
모든 시름 사라지고

천사의 찡긋
울음 한 가닥에
아내와 나 한마음이 된다

맑고 순수한
또 하나의 세계와
오래도록 함께하고 싶다

우리 예린이
학교 입학 때까지는
건강하게 살아야지

아냐, 아냐
중학생 숙녀티 날 때까지는
가능하지 않을까

아니야, 백세 시대인데
어엿한 숙녀가 될 때까지는
버텨볼 명분이 생겼다

예린아!
고맙다!
네가 할아비 명(命)을 한껏 늘려놓았구나

얼마 전까지 나의 생존의 가장 큰 동력은 책 읽고 글 쓰는 일이었다. 이 동력이 떨어진다면 언제든 삶을 기꺼이 포기할 수 있다고 생각하던 터였다. 하지만 이제는 이 생각을 수정하지 않으면 안 될 듯싶다.

지금 이 글을 쓰면서 내가 좀 더 오래 살아야 하는 이유가 하나 더 늘었기 때문이다. 이 아이가 내 삶에 영향을 끼치는 한, 나의 생존을 이어갈 필요성이 생겼다.

나의 삶이 언제까지 지속될지는 알 순 없지만.

하이쿠로 보는 일상

또 하나의 우주를

창조하는

새벽 햇살 속 거미

어제 친구 K로부터 소중한 선물을 받았다.

평소 사진을 취미로 삼아, 자연의 아름다움이 드러나는 순간을 앵글로 포착하여 틈틈이 카톡으로 보내주는 귀한 친구다.

선물은 사진이 담긴, 두 개의 액자였다.

한 사진은 거미가 이른 새벽에 영롱한 햇살을 받으며 개망초꽃 사이로 수십 겹의 동심원으로 이루어진 집을 짓고 있는 사진이었다.

그는 언제부턴가 새벽 이른 시간, 거미가 짓는 다양하고 환상적인 집의 모습에 이끌려 사진을 찍으며 한나절 놀고 온다고 했다. 그동안 그가 보내온 사진을 감상하다가 나 역시 거미라는 곤충에 서서히 빠져들어갔다. 거미에 대한 궁금증으로 인터넷을 검색하게 되었고 거미집에서 우주의 경이로움도 살짝 느낄 수 있게 되었다. 이번에 보내온 사진도 거미가 창조하는 우주의 신비한 모습이 고스란히 담겨있는 귀한 작품이었다.

또 한 사진은 나뭇가지와 가지 사이의 거미줄에 꽃잎이 줄줄이 걸려있는 사진이었다. 지난번에도 친구는 이와 비슷한 장면이 담긴 사진을 카톡으로 보내온 적이 있었다.

나는 그 사진을 보는 순간, 낙화암에 몸을 던진 백제의 삼천 궁녀가 떠올랐고, 이 궁녀들의 슬픈 마음을 거미가 따듯하게 껴안아주고 있다고 느꼈다. 이 시적 감성을 하이쿠 한 편으로 표현하여 지난번 내 수필집에 실었다. 그가 이 글을 읽었고 나의 감성을 재현하듯 사진을 찍어서 이렇게 아담한 액자에까지 넣어 나에게 선물한 것이다.

감동이었다.

자신이 찍은 사진에 대한 친구의 감성을 소중하게 생각하고 정성들여 찍은 사진을 인화하여 이렇게 예쁜 액자에 담아 건네주다니!

예상치 못했던 친구의 도타운 마음에 가슴이 울컥한다.

이 액자를 하나는 서재 벽에 걸어두고

또 하나는 책상 위에 세워놓았다.

한 점 미련 없이 살다

죽은 접시꽃

한마디 작별 없이

비 오는 날의 인연으로 알게 되었고
산책하며 오가다 바라보며 정이 들었고

어쩌다 안 보면 보고 싶은 그 친구가
때가 되어 자연의 부름을 받고

무지개다리를 먼저 건넜다.
즐거웠던 삶을 뒤로하고

한 점의 미련도 없이
또 다른 세계로 성큼 건너갔다.

아쉬운 작별 인사 한마디 없이
따듯한 축원도 기대하지 않고.

다가오는 죽음을, '있는 그대로' 받아들이지 못해 쩔쩔매다 불평하고, 하소연하다 안 되면, 신에게 울며 살려달라고 애걸하기도 하는 인간과는 대조적이다. 식물은 죽음을 맞이함에 의연하다. 인간보다 한 수 위다.

또 하나 배웠다.

모든 생명의 죽음 앞에는 어떠한 형용사도 필요 없다.
장렬한, 아름다운, 숭고한, 안타까운, 아쉬운, 슬픈,
축복받은, 가치 있는, 고귀한, ……

죽음은 죽음일 뿐,
어떠한 군더더기도, 수식어도 부질없다.

친구의 죽음 앞에서는
추억과 연민,

그리고
침묵만이 흐를 뿐.

하고 싶어서, 마냥 좋아서

하고 싶어서

아파트 경비실을 지나며
가볍게 목례를 한다

아저씨는 하던 일을 멈추고
급하게 답례를 하신다

괜히 미안하다
인사 안 하셔도 괜찮은데…

난 단지
하고 싶어 한 거니까요

바라지 않고
하고 싶어 하는 인사로 시작하는

상쾌한
아침이다

마냥 좋아서

카페 분위기가
재즈 음악이
마냥 좋아서

도서관이 코앞인데
비가 오는데
한 시간이나 걸리는데

우산을 받치고
버스와 전철을 갈아타며
먼 길을 나선다

이런 걸 사람들은
'열정'이라고 하던가
아니 '낭만'이라던가

나이 들어서도
눈이 침침해도
내게 이런 게 있어

좋다
마냥 좋다

얼마 전 알바를 하다 우연히 알게 된 카페인데, 이 공간은 나에게 특별나다. 종일 잔잔한 재즈가 흐르는 이 무인 카페는 찾아오는 손님도 없어 온종일 방해받지 않고 나만의 시간을 가질 수 있기에 너무나 사랑스러운 공간이다.

이 공간은 마치 수도사 토마스 머튼의 'The Virgin Point'처럼 텅 비어있어 하늘을 담을 수 있고, 오직 사색하는 영혼만이 발견할 수 있는, 나만의 내밀한 공간이다. 이런 성스러운 공간에서는 애쓰지 않고도 글이 자연스럽게 흘러나온다. 글을 쓴다는 것은 영혼이 자유롭다는 것을 일깨우고 즐기는 성스러운 행위이기 때문이다.

'파울로 코엘료'의 나직한 목소리가 들리는 듯하다.

가만히 귀를 기울인다.

> 우리 각자에게 실현해야 할 '신화'가 있다는 것, 자아의 신화는 그것을 이루고자 하는 '열정'을 통해 구현된다는 것, 바로 이것을 깨달았다. (중략) 이것이 이 땅에 태어난 우리의 소명이고 모든 기쁨의 원천이므로.
>
> (출처: 파울로 코엘료, 《흐르는 강물처럼》, 박경희 역, 문학동네, 2008)

인생을 축제처럼

산책하는 내내, 낮에 읽었던 책 속 한 줄의 글이 머릿속을 맴돈다.

> 나는 인생을 축제처럼 살기 위해 죽음을 공부하기로 했다.
>
> (출처: 이유진, 《죽음을 읽는 시간》, 오티움, 2021)

나도 가슴 설레고 심장을 뛰게 만드는 축제처럼 살 수는 없을까? 어떻게 해야 설레면서도 의미 있고 재미있게 살 수 있을까?

누구는 삶을 가장 의미 있는 것으로 만드는 것이 '사랑'이었다고 하고, 또 누구는 바쁘더라도 시간을 내어 즐겨 듣는 '음악'에, 또는 '여행'에 더 많은 추억을 담아둬야겠다고 말하기도 한다. 저마다의 삶을 빛나게 하는 것은 사람마다 모두 다를 듯하다. 각각의 생각과 경험, 가치관이 상이하고, 일상의 삶 속에서 재미를 찾아내거나 열린 감각으로 설렘을 맛볼 수 있는 능력도 사람마다 다양하기 때문이다.

먼저 인생을 축제로 만들기 위한 조건을 생각해보았다.

첫째, 가슴이 설레고 심장을 뛰게 하기 위해서는 내가 정말 하고 싶은 것, 좋아하는 것을 해야 할 것이다.

다음으로, 재미있고 활력 넘치는 삶을 위해서는 열심히 도전하면 성취 가능한 목표가 있어야 할 듯싶다.

마지막으로 삶을 의미 있고 보람 있게 살기 위해서는 자기뿐 아니라 타인에게도 좋은 영향력과 긍정적 변화를 줄 수 있어야겠다.

나에게 앞으로의 삶이 얼마나 남아있을까?

우리나라 남성의 평균 건강수명에 대한 최근 자료를 적용할 경우, 평소 건강관리를 꾸준히 한다면 앞으로 약 10~15년 정도가 아닐까 생각한다. 그러면 위의 조건에 부합하면서 향후 인생을 축제처럼 살기 위해서 내가 할 수 있는 것은 어떤 게 있을까?

제일 먼저 떠오르는 건 역시 글쓰기였다.

글쓰기는 내가 제일 좋아하는 일이고, 부지런하면 매년 한 권의 책을 펴낸다는 목표를 설정할 수 있을 터이다. 또한 펴낸 책이 읽혀 공감을 얻게 된다면 독자에게 긍정적인 변화를 줄 수도 있을 것이다.

꿈을 이루며 느끼는 행복감은 동반하게 되는 고통 따위와는 비교할 수 없을 만큼 크다. 비록 변변치 않은 책이지만 수필집을 냈을 때 "와우~ 넘 멋있다! 내년에도 더 멋진 책을 기대한다"라며 손뼉치며 응원해주는 사람들을 만날 때면 너무 행복했다.

이렇게 글쓰기는 삶의 목표 1호가 되었다.

다음으로 가슴이 설레고 재미있는 게 뭐가 있을까?

이것저것 떠올랐지만 결국은 여행이었다. 지난번 제주도 열흘간의, 짜릿하고 보람 있었던 여행 추억이 작용한 듯싶다. 다만 목표 설정이 까다롭긴 하지만 매년 초, 국내 여행과 국외 여행을 구별하여 계획을 짜고 싶다.

그동안 틈틈이 가고 싶은 여행지를 메모해놓았다. 이 여행지를 구글이나 네이버 지도 웹으로 들여다보는 것만으로도 가슴이 설레곤 한다.

먼저 국내 여행지로는 아름답고 신비한 청송 주산지, 솔향 그윽한 울진 금강소나무숲, 그리고 뱃고동 소리가 은은하게 귓가에 맴도는 남해안 통영, 남해, 여수 등 다도해 연안과 전라남도 아름다운 섬들, 서해안 변산반도와 친구 농원이 있는 태안 파도리 해안에도 또 가보고 싶다. 또한 동해 해파랑길 걷기나 지리산 대청봉, 오대산, 덕유산 등의 계곡이나 충주, 단양의 절경도 빼놓을 수 없을 듯하다.

한편으로 국외 여행은 당분간 코로나로 이동이 쉽지 않겠지만 가능하다면 아름다운 템플과 여유로움이 충만한 태국 치앙마이, 레오나르도 다빈치와 미켈란젤로의 숨결이 배어있는 이탈리아 피렌체, 영화 〈해리 포터〉의 전설이 있는 아일랜드 모허절벽과 킬러니 국립공원 둘레길, 쇼팽과 조르주 상드와의 사랑이 녹아있는 스페인 마요르카섬 등에서 한 달 정도 머무르며 산책하고 마을 고샅을 살펴보면서 여유롭고 소박한 일상을 맛보고 싶다.

무리하지 않고, 시간에 쫓기지 않으며, 발 닿는 대로 자유롭고 여유 있게 즐기고 싶다. 쉽지 않은 도전이지만 '위험을 감수하는 사람만이 오직 진정으로 자유롭다'는 말을 믿고 싶다. 또한 이 즐거운 여행담을 책 속에 풀어 넣는다면 독자들에게도 삶에 즐거움을 주는, 의미 있는 간접경험이 될 터이다.

마지막으로 좋아하는 취미생활로는 음악과 바둑 감상을 들고 싶다.

이 두 가지 취미는 어려서부터 나와 함께해온 동반자다. 그동안 힘들고 묵직한 삶에서 활력을 찾게 해준 친구다. 마음 내킬 때 언제라도 자연스럽게 손을 내밀 수 있는 친구로서 생이 다할 때까지 관계를 이어가고 싶다. 특히 음악은 우울할 때나 힘들 때마다 위로해주고 마음의 평안을 주었던 보배로운 친구다. 나이가 들어감에 따라 다양한 불청객을 만나게 될 터인데 이 친구의 역할은 더욱 빛을 발하게 될 것이다.

이상으로 여생을 같이할 몇 가지 가슴 뛰는 일을 생각해보았는데, 위와 같은 일을 하기 위해서는 무엇보다도 육체와 정신의 건강이 전제되어야 함은 물론이다. 꾸준히 집 주변을 산책하며 자연과 교감하고 책을 읽으며 지적 호기심을 충족하는 일은 호흡하는 것과 같이 생존의 가장 기본적인 활동이다.

우직하게 나를 믿고, 스스로 할 수 있는 건 하고, 도움이 필요하면 주인공이나 이웃에게 부담 없이 요청하고, 나의 도움이 필요한 사람들에게는 기꺼이 바라는 것 없이 도움을 주는 자유로운 영혼이 되고 싶다. 그 외에는 삶이 흘러가는 대로 두고서.

만물이 생동하기 시작하는 시기가 다가왔다.

지금은 한 해의 계획을 짜기 좋은 때이다.

욕심부리지 않고 주어진 환경과 여건에 맞게 계획하되 섣부른 기대는 하지 않을 것이다. 이제 남은 것은 실행뿐이다. 나에게 주어진 능력에 따라 할 수 있는 만큼 최선을 다한다면, 언제가 될지 모르지만, 훗날 삶의 종착역에 도착할 때는 당당하고 후회 없는 우아한 퇴장을 할 수 있지 않을까?

벌써 가슴이 설렌다.

이미 가슴 뛰는 축제의 막은 올랐다.

진정한 소통

세상은 말과 정보로 넘쳐난다.

이른 아침부터 밤 잠자리에 들 때까지 말과 정보의 소음으로 우리의 이성과 감각은 몸살을 앓고 있다.

이 중 진정 우리에게 필요한 건 얼마나 될까, 고개가 갸우뚱해진다.

소음이 소음인 줄 모르고 정신이 빠져들면 자신도 모르는 사이에 소음은 입이나 손끝으로 코로나보다 더 빠르게 타인에게 전염된다. 코로나가 무섭다고 하지만 정작으로 이것이야말로 코로나보다 훨씬 더 파괴력을 가진, 무서운 게 아닐까?

물론 한 번의 손쉬운 터치로 원하는 정보를 얻고 실시간으로 생생한 정보를 접하는 즐거움은 과거에는 맛볼 수 없었던 축복이다. 그러니 오늘날 우리는 과학기술의 비약적 발전으로 인한 수혜자임이 틀림없다. 하지만 우려스러운 것은 정보를 분별하고 수용하는 우리의 안목과 태도이다.

요즘엔 한 개인이 접한 정보를 여과나 검증도 없이 무분별하고 무비판적으로 수용하여, 마치 그 정보가 확실한 것처럼 쉬이 타인에게 전달하는 사람들을 흔히 볼 수 있다. 이러한 정보는 최신 정보기술에 힘입어 과거의 수십 배, 아니 수천 배 빠른 속도로 확산되어 사람들의 정신을 혼란스럽게 한다. 말과 글이 갖는 파괴력은 과거 어느 때보다 심각할 정도다.

말의 파괴력에 대하여 미국의 사회철학자 에릭 호퍼가 한 말을 주목해야 할 필요가 있다.

> 말은 지금까지 등장한 어떤 악마의 앞잡이보다 인간의 영혼을 형편없이 망가뜨렸다. 이상하게도 인간 고유성의 주요 요소인 말은 비인간화의 주요 도구이기도 하다. 마법의 영역은 보이지 않는 영역이자 말의 세계이다.
>
> (출처: 에릭 호퍼, 《인간의 조건》, 정지호 역, 이다미디어, 2014)

우리는 무분별한 말의 남용을 줄여 말의 소음으로부터 벗어나야 한다.

말의 소음에서 벗어났을 때 정보의 홍수로부터 자유로워질 수 있다. 조물주가 눈과 귀를 동일한 개수로 만들고 입을 그 반의 개수로 만든 이유를 이제 알 것 같다. 눈으로 확인되는 정보(글)와 귀로 입력되는 정보(말)를 균형 있게 수용하고, 말은 눈과 귀로 수용된 정보의 1/4만큼만 하라는 메시지가 아닐까?

이것이 인간을 만든 조물주의 뜻에 부합할 듯싶다.

“우리는 무얼 말하고 싶은지 확실하게 모를 때 말을 가장 많이 하게 되고, 정작으로 할 말이 있을 때는 몇 단어밖에 필요하지 않다”라고 에릭 호퍼는 덧붙여 말한다. 할 말만 제대로 하고 불필요한 소음 공해로부터 해방되는 순간, 진정한 소통이 이루어지지 않을까 생각해본다.

나의 경우 진정한 소통이 어떤 것이지, 정신적 교감과 침묵으로도 얼마나 훌륭한 소통이 가능한지, 식물과의 대화에서 지혜를 얻곤 한다. 얼마 전 나의 벗, 공원의 대나무와 나눈 이야기 몇 토막을 리뷰해본다.

나: 반가워요! 날이 추워져 한동안 못 나왔는데, 그동안 잘 지냈죠?

친구: 네! 오랜만이네요. 갑자기 추워지는 바람에 월동 준비를 서두느라 한동안 바빴지요. 잎을 떨구고, 겨울에 쓸 영양분도 뿌리로 비축하고, 매서운 추위에 버틸 줄기도 더 탄탄하게 하구요.

나: 네! 그랬군요. 우리는 요즘 한 독한 바이러스를 만나 온 세계가 홍역을 앓고 있죠. 감염을 방지하기 위해 얼굴에 마스크를 쓰고 외출도 자제하고 말이죠. 이렇게 대면할 기회나 말을 줄이다 보니 한편으로는 세상이 전보다 더 조용해진 것 같아요. 게다가 원격 근무를 하거나 공장 가동시간도 단축하다 보니 공기도 한결 깨끗해진

것 같구요.

친구: 맞아요. 잃는 게 있으면 얻는 것도 있는 법이죠. 그 좋은 예로 사람은 일부 동식물에게서 볼 수 있는 텔레파시 능력 대신, 열심히 궁리해서 말과 글을 만들어 이렇게 훌륭한 문화의 꽃을 피우지 않았나요?

나: 그렇군요. 위기가 바로 기회가 된다는 말이 빈말이 아니로군요. 하지만 우린 요즘 아이러니하게도 이 넘치는 정보 때문에 오히려 이성과 감각이 몸살을 앓고 있답니다.

친구: 그것이 또 하나의 소음 공해를 만들어내는군요. 우리는 벌과 나비는 물론 달과 구름과도 교감을 하니 말이나 글이 필요 없지요. 서로 느낌이나 신호로 소통하게 되니 지나친 감정 표현이나 거짓말을 하기 위해 애쓸 필요도 없죠. 그래서 좋기도 하지만 한편으로는 늘 시끌벅적한 인간 세상이 부럽기도 하답니다.

나: 세상은 공평한 것 같군요. 대립이 되는 것은 동전의 양면과도 같이 서로 보완적이라는 말도 있지요. 그리고 욕심은 끝이 없고 능력은 제한돼있으니 우리에게 주어진 능력과 여건 내에서 욕심내지 않고 할 수 있는 일을 하며 자족하며 살아야지요.

친구: 맞아요. 행복으로만 채워진 세상에서는 오히려 진정한 행복

을 맛보지 못한다고 하잖아요? 겨울의 매서운 비바람과 추위에 너무 주눅 들지 않고 당당히 버텨나갈 때 비로소 봄의 따스함이 주는 행복을 만끽하게 되겠군요. 좋은 말 감사합니다.

나: 나야말로 이번 대화에서 많이 배웠어요. 대화 시간이 즐거웠습니다. 그럼 다음 만날 때까지 안녕!

친구: 네! 그리고 사람들이 바이러스 그 친구 때문에 잔뜩 긴장해 있던데, 너무 무서워하지 마시고 잘 다루어서 잘 놀다 가도록 하시길 바랍니다. 그럼 안녕!

친구와 헤어져 언덕을 내려오는 발걸음이 한층 가볍다.
문득 얼마 전 읽었던 에릭 호퍼의 글이 새삼 가슴에 와닿는다.

> 우리는 해야 할 일을 하지 않을 때 가장 바쁘다. 정말 원하는 것을 손에 넣을 수 없을 때 가장 탐욕스러우며, 결코 도달할 수 없을 때 가장 조급하고, 돌이킬 수 없는 악행을 저지를 때 가장 독선적이다. 분명, 지나침과 획득 불가능성은 서로 관련이 있다.
>
> (출처: 에릭 호퍼, 《영혼의 연금술》, 정지호 역, 이다미디어, 2014)

고객을 가족처럼

얼마 전 신문 광고에 실린 한 대기업의 캐치프레이즈를 보게 되었다.

"고객을 가족처럼 모시겠습니다."

과장된 표현이기는 하지만 생각이 기특하다.

하지만 이렇게 멋진 문구로 말하면서도 정작 고객의 기대에 부응하지 못한다면 오히려 역효과가 나진 않을까, 살짝 염려되기도 한다. 이 카피처럼 실행하기가 쉽지 않을 터이니 말이다.

모시겠다는 말의 의미를 사전에 찾아봤다.

'웃어른이나 존경하는 이를 가까이에서 받들다'라고 적혀있다. 가족에게도 이렇게 마음 내기가 쉽지 않을진대, 하물며 고객에게 이런 마음을 낼 수 있을까? 이런 비전을 세우고 노력하겠다는 의미로 받아들인다면 큰 무리가 없을 듯하다.

문득 나는 과연 가족을 잘 돌보고 있는 것일까? 돌아보게 되었다.

솔직히 제대로 돌보고 있다고 선뜻 말할 수가 없다. 때때로 비위가 거슬리면 투정 부리기도 하고 심하면 화까지 내는데, 잘 돌본다는 말은 멀게만 느껴진다. 내 몸처럼 아끼도록 노력은 하지만, 평생 수행하여야 할 만만치 않은 과제다.

이 과제를 풀기 위해서는 가족에 대한 관점부터 정립해야 할 것 같다.

먼저, 가족 구성원 개개인은 독립된 인격체로서 어느 누구의 소유물도 아닐 뿐 아니라, 그 누구도 구성원의 자유를 침해할 수 없다. 그리고 내가 행복을 추구하듯 구성원 역시 저마다 행복을 원하며 행복을 추구할 권리와 자격을 갖추고 있다. 이것은 가족을 공동체의 일원에 앞서, 하나의 독립된 인간으로 먼저 받아들여야 하는 것을 의미한다.

다음으로 가족은 각자 독립된 삶을 살아가는 과정에서 동일한 시공간을 공유하는 소단위 공동체이다.

가족은 이 넓고 광활한 우주의 조그만 행성에 어쩌다 같이 살게 된 기막힌 인연으로 연결된 존재들이다. 한 가족이 서로 어떻게 만나게 되었는지 모르지만 이렇게 만날 확률은 아마 로또 확률의 수백 배는 되지 않을까? 우리는 단지 이 살 떨리는 기적에 감사하며 가족의 소중한 인연을 이어갈 뿐이다. 다만 가족 공동체가 집단 이기주의의 편향된 의식에 함몰될 위험은 경계해야 하겠지만.

비록 위와 같은 가족에 대한 관점으로 가족의 의미를 마음속에 새긴다고 하더라도 거친 세상을 살다 보면 이러한 생각들이 머릿속에서 관념으로만 맴돌 뿐 현실적으로 잊고 있을 때가 많다. 체화되지 않은 것이다.

그래서 우리는 매 순간 자신의 말과 행동을 부단히 돌아보고 잠자고 있는 의식을 일깨워야 한다. 그래서 과거 선인들은 이러한 자기 성찰을 수행의 제일로 삼았던 게 아니었을까?

그렇다!

만만치 않은 과제지만 분명 일생을 다 바쳐서라도 도전할 가치가 있다. 욕심부리지 말고 주어진 여건하에서 조금씩 의식을 확장해나가는 연습을 해보는 것이다.

가족에 대한 관점이 나의 잠재의식에 자연스럽게 자리 잡히게 된다면, 가족의 범위를 더욱 확장하는 의식의 변화를 시도해본다. 가족의 울타리를 크게 넓혀서 이웃, 친구, 만나는 모든 사람, 더 나아가 세계에 얼굴도 모르는 사람들까지 확장하게 된다면 어떻게 될까?

예수님이 유대인들에게 착한 사마리아인 비유를 들어가며 가르침을 주신 말씀이 떠오른다.

> 너희가 너희를 사랑하는 자를 사랑하면 무슨 상이 있으리오. 세리도 이같이 아니하느냐. 또 너희가 너희 형제에게만 문안하면 남보다 더하는 것이 무엇이냐, 이방인도 이같이 아니하느냐. (마태

5:46~47)

앞에서 말한 "고객을 가족처럼 모시겠습니다"라는 의미를 다시 새겨본다면 가족에 대한 사랑을 고객에까지 확장한다는 의미일 듯싶다.

가령 예를 들어, 내가 인터넷을 설치하고 수리하는 일을 한다고 했을 때 방문하여 만나는 고객과의 관계를 재설정하는 것이다.

그동안에는 단지 내가 맡은 임무이기에, 또는 내가 처자식을 먹여 살리기 위해 해야 하는 일이라고만 생각하였다면, 이제는 내가 고객의 마음이 되어 고객의 입장에서 불편함을 해결하고 인터넷을 이용하는 기쁨을 제공한다고 생각하는 것이다. 즉, 고객을 나의 이익을 위한 수단이 아니라 목적으로 생각하는 것이다.

이렇게 고객을 진심으로 대한다면 그 고객은 나의 제2의 가족이 된다. 나는 그들의 인터넷 수리공이기보다는 끈끈하고 든든한 삶의 동반자가 되어, 마틴 부버의 진정한 '너와 나'의 관계가 되는 것이다.

실제로도 주변의 자동차 판매왕이나 보험 달인들의 성공 체험수기를 읽어보면 어렵지 않게 이러한 기적의 스토리를 접하게 된다.

이러한 사례는 이 세상을 움직이는 거대한 신의 섭리를 보여주는 하나의 조그마한 표상에 불과할지도 모른다. 같은 종뿐 아니라 우주만물이 모두 하나로 연결되어있다는 우주 의식이야말로 나와 가족, 더 나아가 타인은 물론 동식물에까지 조화롭게 공생하기 위한 최상의 영적 각성이 될 것이다.

오래전에 읽었던 철학자 에리히 프롬 교수의 사랑에 대한 글은 우리가 그동안 잊고 있었던 사랑의 본질을 극명하게 짚어준다.

> 어떤 사람이 한 사람만을 사랑하고 나머지 동포에게는 무관심하다면 그의 사랑은 사랑이 아니다. 공서적(共棲的) 애착이거나 확대된 이기주의다. (중략) 만일 내가 참으로 한 사람을 사랑한다면 나는 모든 사람을 사랑하고 세계를 사랑하고 삶을 사랑하게 된다.
>
> (출처: 에리히 프롬, 《사랑의 기술》, 황문수 역, 문예출판사, 1976)

우리의 의식의 범위를 점차 넓혀서
우주 의식으로 확장시켜나갈 때마다
우리는 한 걸음 더, 신의 마음에 가까워질 것이다.

즐겁게 산다는 것은

새해가 되니 스마트폰의 문자 알림 소리가 연신 울린다.

지인들로부터 '새해엔 복 많이 받아라', '더욱 건강하고 즐거운 시간이 되라'는 덕담의 글귀다. 의례적인 인사겠지만 듣다 보면 기분이 좋아지는 말이다.

즐거운 마음으로 산다는 것은 어떻게 산다는 것일까? 막연하고 모호하다. 사전을 찾아봤다.

'마음에 거슬림이 없이 흐뭇하고 기쁘다'라고 정의되어있다. 개념이 좀 더 명확해진다. 이 정의에 따라 한 단어씩 구체적으로 의미를 생각해봤다.

먼저 '마음에 거슬림이 없다'는 것은 기존 나의 마음과 상충되어 언짢은 마음이 들거나 기분이 상하지 않고, 내 마음이 대상을 편하게 받아들인다는 의미일 것이다. 우리가 살면서 경험하는 대상이나 상황은 모두 내 마음 같지 않을 터인데, 그렇다면 마음 밭을 넉넉하게 갈아서 어떤 상황에서도 수용할 수 있도록 하여야 할 것이다.

마음 밭을 넉넉하게 한다는 것은 '열린 마음'을 갖는다는 말이다.

기존 제도나 관습, 규정에 얽매이지 않고, 대상에 대한 선입견이나 편견 없이, '있는 그대로' 받아들이는 것이다. 이렇게 했을 때 비로소 내 마음은 거슬림 없이 편안하게 대상을 받아들일 수 있게 될 것이다.

말로는 쉽지만, 세상살이에서 결코, 쉽지 않은, 아니 평생을 노력해야 할 과제인 듯하다. 하지만 부단히 내면을 성찰하고 마음을 다져간다면 비록 완벽하지는 않더라도 어제보다는 오늘, 오늘보다는 내일엔 좀 더 열린 마음이 되지 않을까?

다음으로 '흐뭇한' 기분을 낸다는 것은 대상을 긍정적인 관점으로 본다는 것이다. 이것은 일상의 상황은 물론이고 맞닥뜨리고 싶지 않은 상황에서도 애써 회피하거나 부정적인 감정을 내는 대신, 직면하며 긍정적인 마음으로 받아들이는 것이다. 일상에서 접하는 사소한 것에서부터 하나씩 긍정적인 관점으로 수용하는 습관을 들여 체화시켜야 한다.

가령 엘리베이터를 타기 위해 승강장에 갔는데 누군가 막 타고 올라가고 있었다고 한다면, '조금만 일찍 왔더라면 탈 수 있었는데' 하며 아쉬워하기보다는 '내려올 동안 맨손 체조라도 할 수 있어서 잘됐다'라는 마음을 갖는 것이다.

또 얼마 전 이런 경우도 있었다.

요즘 날씨가 갑자기 추워지자 몸이 게을러져서 낮에 산책을 소홀히 하고 있었다. 때마침 다음 날 아침에 먹을 바나나가 없어서 당장 바나나를 사러 가야 했을 때 '아이참! 날씨도 추운데 귀찮아' 하는 대신, '아! 운동도 할 겸, 잘됐다'며 흐뭇하게 생각하며 외투를 걸치고 나서게 되어 뜻밖에 산책도 하게 되었다.

일상에서 겪게 되는 이런 사례는 엄청나게 많다. 하루에도 여러 번 경험하게 되지 않을까. 이때마다 짜증 대신 즐거운 마음으로 수용한다면 그만큼 우리 삶은 즐거워지지 않겠는가.

얼마 전에 읽었던 법정 스님의 《무소유》의 한 얘기가 생각난다.

스님이 어느 사찰에 계실 때다.

사찰 내 아끼던 경내지가 뜻하지 않게 사찰 내부 사람들의 소행으로 팔려 스님은 밤잠을 이루지 못할 만큼 힘들었다. 게다가 팔린 땅을 개간하는 불도저의 소음까지 더해 괴로웠다. 그러던 어느 날 스님은 법당에서 예불을 마치고 나오던 중 불현듯 이런 생각을 하게 되었다.

> '본래 무일물(本來 無一物)인데!'
>
> 본래 하나의 물건도 없는 것이니 내 것이네, 네 것이네, 따지고 집착하는 건 부질없는 짓이다.
>
> 사찰 소유의 그 땅도 본래부터 사찰의 소유가 아니었을 터인데 내가 집착하는 것이다. 이 땅이 다른 곳으로 옮겨 가는 것도 아니고, 한동안 사찰에서 맡아 보관하다가 인연이 다해 타인에게 옮겨 간 것

일 뿐이다. 게다가 공사판의 저 시끄러운 불도저 소리는 집 없는 이들의 거처를 마련하기 위해서이고, 일하는 인부들은 딸린 식구들을 건사하기 위해서인데, 나는 왜 공사판의 소리에 힘들어하고 인부들을 불편한 시선으로 봐왔던가?

이런 생각이 들자 스님에게 불도저 소리는 소음이 아니었고 일하는 인부들을 보는 시선도 부드러워져 스님은 마음의 평온을 되찾게 되었다고 했다. 대상을 보는 관점을 바꾸자 에고 중심적 사고에서 벗어나 이타적 마음을 내게 된 것이다.

얼마 전, 나 역시 이와 비슷한 체험을 했다.

한 단체에서 하는 공모전에 작품을 출품했는데 떨어졌다. 기대했던 터라 실망도 적지 않았다. 마음속 그늘이 한동안 지워지지 않았다.

그러던 중 저녁 산책길에서 불현듯 이런 생각이 들었다.

'나보다 더 열심히 작품활동을 하였거나 공모전 입상이 절실했던 사람이 선정되었다고 생각한다면 나는 전혀 억울해하거나 아쉬워할 일이 아니다. 이런 사람이 나 때문에 떨어졌다고 한다면 내가 불편하고 떳떳하지 못할 터이니 오히려 잘됐다. 이번 낙선은 더욱 열심히 하라는 하늘의 뜻임에 틀림없다.'

이렇게 마음을 긍정적으로 내니 그동안의 불편한 심기는 서서히 걷히고 마음 깊은 곳에서 더욱더 일에 대한 열정이 느껴졌다.

마지막으로 내가 즐겁기 위해서는 하는 일에 기쁨을 느끼고 재미가 있어야 할 것이다. 우리는 하고 싶은 것, 내 맘을 설레게 하는 일을 할 때 더욱 재미를 느끼게 된다. 그렇다면 진정 내가 하고 싶은 건 뭔지, 내 맘을 설레게 하는 게 뭔지를 알고 적극적으로 찾아 실행에 옮기면 될 것이다.

나의 경우 책 읽고 글 쓰고 음악 듣고 바둑 감상하고 산책하는 일이 주가 될 것이고 때때로 여행하고 마음 맞는 친구와 얘기하는 것 정도가 아닐까 싶다. 이런 일들은 나에게 일상의 소박한 즐거움을 주기에 부족함이 없다.

막연하게만 느껴지던 '즐겁게 산다'는 말의 의미를 나름대로 정리하고 보니 한결 구체적인 그림이 머릿속에 그려진다.

이제야 나도 친구들에게 '즐겁게 살라'고
자신 있게 덕담을 날릴 수 있게 되었다.
즐겁게 미소를 띠면서.

책을 읽는다는 것은

아침 잠자리에서 깼을 때 문득 이런 생각이 들었다.

하루 생활 중 책 읽는 시간이 대부분을 차지하고 있는 나에게 '책 읽기란 어떤 의미가 있을까'라는 일견 바보 같은 질문이었다.

웬 뚱딴지같은 말이냐고 스스로 핀잔을 준다. 난 여태 생각도 없이 그저 습관적으로 책을 읽어왔다는 건가? 아니 그런 건 아닌 것 같은데 뭔가 찜찜하다.

제일 먼저 떠오르는 말이 공자님의 '학이시습지 불역열호아(學而時習之 不亦說乎)'이다. 하도 들어서 귀에 딱지가 앉았을 듯한 말이다. 이 밖에도 옛사람의 글에서 으레 보게 되는 독서의 즐거움, 배움의 의미가 여과도 없이 수용되어 어느새 내 생각으로 고착화된 듯하다.

그렇다. 난 여태 책 읽고 배우는 것이 마냥 좋아서 하고 있는데, 독서의 의미가 뭔지, 남들이 써놓은 글이 아닌, 나만의 독서의 의미를 제대로 생각해보고 싶었다.

누구나 각자 스스로 체화된 독서 취향이나 패턴이 있겠지만 나만의 독서 스타일과 독서가 주는 즐거움과 의미는 어떤 걸까?

독서의 과정을 크게 세 단계로 나눠본다.

첫째는 호기심과 관심을 느끼는 단계이다.

어떤 사람의 글을 읽고자 할 때는 일단 글쓴이의 인물 됨됨이나 글에 관심이 있어야 할 것이다. 신문이나 블로그 또는 인터넷 서점에 실린 책 소개말이나 친구의 추천 등으로 한번 읽어보고 싶은 충동을 느끼는 단계이다.

나의 경우는 고대 그리스, 로마 시대나 17~19세기의 철학자나 사상가의 글, 미술과 음악 분야 예술가의 삶과 작품, 자연과 동식물에 관한 글 그리고 영성 분야의 글이 관심의 주류를 이루고 있다.

다음 단계는 작품을 감상하고 글을 읽어가며 작가의 생각과 공감하는 단계이다.

책을 한 장 두 장 넘겨감에 따라 작가의 생각의 정원에 들어가 놀다 보면, 정원 속 꽃들의 향기나 나무의 아름다움에 점점 빠져드는 자신을 보게 된다. 특히 나에게 감동을 주거나 영감을 주는 글귀는 독서 노트에 꼭 기록을 한다.

기록의 이점은 두 가지다.

먼저, 기록을 함으로써 다시 한번 글쓴이의 생각을 천천히 반추하며 음미할 수 있다는 점이고, 또 하나는 노트한 글들을 추후 다시 읽으면서 처음 읽을 때 받았던 감동이나 영감의 짜릿한 순간을 또다시 맛볼 수 있기 때문이다.

이렇게 한 권의 책을 보면서 한 땀 한 땀 써온 글은 짧게는 노트 한두 쪽부터 많게는 10여 쪽에 달하는데, 그동안 기록한 독서 노트는 큰 정신적 자산이 되었다.

마지막 단계는 글쓴이의 영혼과 하나가 되는 몰입의 단계다.

공감의 단계에서 진한 감동과 기쁨을 준 인물이나 작품이 있으면 더욱 파고들어 심취하는 단계다. 인물의 경우 그 인물이 쓴 다른 작품이나 그 인물에 대한 평전이나 전기에 관한 글을 검색하여 읽을 책 목록을 보통 3~4권 선정하여 집중해서 읽는다. 이 단계에서 비로소 책을 읽는 지극한 즐거움과 희열을 느끼게 된다.

이렇게 읽었던 책 속의 인물은 자연스럽게 나의 멘토가 되고 친구가 되었다.

에픽테토스나 몽테뉴, 루소, 스피노자, 베토벤, 헤세, 비트겐슈타인, 톨스토이, 라마나 마하리시, 에크하르트 톨레 등 거장들은 이런 연유로 나의 든든한 멘토가 되었다.

시공간 너머의 정원에서 멘토와 함께 호젓하게 거닐며 서로의 생각을 자유롭게 나눈다. 그와 나 사이를 방해하는 건 없다. 주위에는 저마다의 생을 구가하는 아름다운 꽃과 나무 그리고 우리의 대화를 살짝 엿듣는 새들만 있을 뿐이다. 걸으며 대화하다 보면 우리의 영혼은 하나가 되어 함께 즐겁고 기뻐서 웃음을 터뜨리다가도 어쩔 땐 갑자기 심각해져 비통한 슬픔에 빠져들기도 한다.

얼마 전에 책을 통해 체험했던 만년의 미켈란젤로와의 산책이 떠오른다.

그는 젊었을 때 탁월한 재능으로 누구보다도 훌륭한 작품을 창작했고 빛나는 명성과 존경을 받았다. 그의 조각 〈피에타〉나 〈다윗〉, 시스티나 예배당의 프레스코는 감동과 찬탄 없이는 볼 수가 없을 정도였다.

나는 경이와 존경의 눈으로 그의 숨결을 음미하며 걸어가고 있었다.

그런데 어디선가 애수에 찬 노랫소리가 끊어질 듯 이어지고 있었다. 그가 나직이 한 편의 소네트를 읊조리고 있었던 것이다.

> 내 인생의 오랜 여정이 이제 끝났구나! 험난한 대양에서 불안전한 배에 기대어 나는 세상의 마지막 정박지에 도달했어. (……) 그림과 조각이 이제 더는 나의 영혼을 위로해 주지 못하네. 내 영혼은 신성한 사랑에 목이 마르네. 십자가에서 두 팔을 벌려 우리를 그 품에 좀 더 안아 주었으면… 흑흑.
>
> (출처: 윌리엄 월리스, 《미켈란젤로, 생의 마지막 도전》, 이종인 역, 책과함께, 2021)

갑작스러운 비통한 탄식의 노래에 나는 걸음을 멈추고 말았다. 그는 땅에 무릎을 꿇고, 겟세마네 동산에서 고뇌하며 기도하는 그리스도처럼, 깊은 슬픔에 잠긴 표정으로 하늘을 향해 절규한다.

"하느님! 이제 저에게 무엇을 더 바라십니까?"

나의 마음도 찢어졌다.

그러나 내가 할 수 있는 건, 다만 곁에서 연민의 눈길로 바라보는 것밖엔 없었다. 나는 그동안 그의 치적, 그의 작품의 겉모습만 바라보고 있었다. 〈천지창조〉를 탄생시키기 위한 이면의 고통은 보지 못하고 찬탄과 경이의 눈길만 주어왔다. 그의 드로잉, 조각, 시들은 언제나 성공적인 것만은 아니었다. 이들은 하나같이 고통스럽고 힘든 창작과정 속에서 잉태된 것이었다.

더구나 그가 나이가 들어 작업하기가 어려워지고, 주위 절친한 친구들이 하나, 둘 사라지고, 마지막 맡은 성 베드로 성당 건축 일도 생각대로 진척이 되지 않았던 생애 마지막 힘든 상황을 인식하자, 나 역시 그에게 깊은 연민이 느껴졌다.

그는 역시 위대했다.

나이 72살에 맡은 최후의 임무인, 끝이 보이지 않았던 성 베드로 성당 건축 일을 포기하지 않고 죽기 직전까지 17년 동안 마지막 예술의 혼을 불태우지 않았던가. 그는 죽기 며칠 전까지도 노쇠한 몸을 이끌고 〈론다니니의 피에타〉를 작업했다. 그것은 창작을 통해 구원을 추구하는 참으로 성스러운 행위였다.

이렇게 한 권의 책을 통해 책 속의 인물과 교감한다는 것은 실로 살 떨리는 체험이다. 책 읽는 시간은 지구라는 행성에 먼저 와서 살았던 선배가 보고 느낀 생생한 경험과 생각을 나의 등을 토닥이며 도탑게 들려주는 진실의 순간이다.

책 읽는 열락의 시간!
나의 영혼은 그와 더불어 한층 고양되고 자유롭고 행복하다.

이것이 바로 내가 책을 읽지 않을 수 없는 이유이며, 내가 한참 더 살아야 하는 이유 중 하나이다. 내가 도서관을 갈 때마다 읽고 싶은 많은 책이 나를 기다리고 있기 때문이다.

글신이 찾아오다

오늘은 어떤 글이 쓰일까? 궁금하다.

아침 8시쯤 책상에 앉아 노트북을 펼치면 나의 글신은 기다렸다는 듯 기지개를 켜고 활동을 개시한다. 소뇌를 통하여 손가락이 자판을 두드리기 시작하면 대뇌에서는 글신의 메시지에 따라 분주하게 임무를 수행한다.

딱히 뭘 써야겠다고 작정한 것도 없었는데 자판을 두드리다 보면 글이 물 흐르듯 흘러나와 제자리를 찾아간다. 이것은 분명 나의 글신이 작업을 도와주고 있는 게 틀림없다.

마치 '닐 도날드 월쉬'가 《신과 나눈 이야기》를 쓸 때처럼 말이다.

월쉬는 전직 지역 라디오 방송 토크쇼 진행자였는데 다섯 번 이혼하고 매달 아홉 명의 자녀 양육비를 보조해야 하기에 행복하지 못했다. 건강도 안 좋고 직장에서 해고까지 당한 그는 마흔아홉 살의 어느 날 밤, 잠에서 깨어나 자신을 이렇게 만든 신에게 항의 편지를 쓰기 시작한다.

그런데 놀랄만한 일이 벌어졌다.

신이 그의 질문에 답을 한 것이다. 그는 신이 내뱉는 대답을 주섬주섬 글로 받아 적었다. 이렇게 매일 새벽 4시 30분경에 시작된 월쉬와 신의 대화가 1992년부터 3년 동안 이어져 세상에 알려지게 된 것이 바로 이 책이다. 이 책은 곧 독자들의 구전만으로 무려 10만 부가 넘게 팔렸고 베스트셀러가 되었다. 이 《신과 나눈 이야기》 시리즈는 현재 30개국이 넘는 나라에서 출간되어 영성 분야 최고의 책으로 독자들에게 사랑받고 있다고 한다.

과연 현실적으로 이런 일이 있을 수 있을까? 사기극이 아닐까?

나는 웃고 말았다. 설마 하며 책을 읽어보았다.

아니 이게 웬일인가?

읽을수록 입이 벌어지고, 동공이 커지고 혈압이 올라갔다. 평소 영성 관련 책을 즐겨 읽곤 하지만 이 책은 달랐다. 저자는 오랫동안 수행한 자가 아니라 세파에 시달리며 살아온 자가 아니었던가?

그의 말대로 신의 보살핌이 없다면 도저히 쓸 수 없는 글이었다.

나의 글신은 월쉬의 신처럼 자상하게 옆에서 말을 해주는 신은 아니다.

영감을 줘서 내가 뭔가 스스로 쓸 수 있도록 가이드 노릇을 한다고나 할까. 하지만 나는 글신을 만난 것에 감사할 따름이다. 이전에 글을 쓰려고 해도 손끝이 나가지 않아 머리를 쥐어뜯곤 했을 때와 비교하면 대단한 발전이기 때문이다.

언제부턴가 글신은 내가 책상에 앉아 글을 쓸 때면 나타났다.

그동안 책을 읽고 산책하며 멘토들과 대화하며 나누었던 갖가지 생각들은 머릿속에 정리되지 않은 채 널려있는 상태로 있었는데, 글을 쓰기 시작하면 나의 글신은 어김없이 나타나, 머릿속 헝클어진 생각들이 사유의 저장고를 통해 여과되어 한 방울 한 방울 떨어져 글이 물 흐르듯 쓰일 수 있도록 도와주는 것이다.

글신이 이렇게 찾아오게 된 것은 어느 날 갑자기 신이 특별히 나를 사랑해서 주신 은혜는 아닌 것 같다.

나는 평소 보고 싶은 책을 읽기 시작했고, 그러다 보니 글을 쓰고 싶은 생각이 들어 조금씩 쓰기 시작했다. 하루 이틀 이런 조그만 글쓰기가 모여 습관이 되었고, 글쓰기는 '인간은 자기의 능력으로 할 수 있는 적합한 일을 할 때 동기가 극대화되는 경험을 한다'는 골디락스 법칙에 따라 자연스럽게 나의 정체성으로 자리 잡게 되었다.

나는 스스로 '책 읽고 글 쓰는 사람'으로 여겨졌고 꾸준히 글을 쓰다 보니 매년 한 권의 책도 펴낼 수 있게 되었다.

문득 얼마 전에 읽었던 책에 나온 글이 생각난다.

> 세상이 날 외면했다고 여겨질 때 나는 석공을 찾아간다. 석공이 100번 망치를 내려치지만 돌에는 금조차 가지 않는다. 101번째 내려치자 돌이 둘로 갈라진다. 나는 그 마지막 타격으로 돌이 둘로 갈라진 게 아님을 알고 있다. 그건 그전에 내려친 일들의 결과이다.

(출처: 제임스 클리어, 《아주 작은 습관의 힘》, 이한이 역,
비즈니스북스, 2019)

그렇다. 나의 작은 습관이 정체성으로 형성되고 강화되어, 드디어 101번째 어느 날 글신이 왕림한 게 아닐까?

나는 이렇게 글신이 찾아온 걸 감사하게 생각하고 앞으로도 곁에서 오랫동안 나의 글쓰기를 돌봐줄 것을 의심치 않는다.

이제 내일은 어떤 소재로, 무슨 글을 쓸까, 걱정하지 않는다.
글신을 믿기 때문이다. 글신은 나의 신뢰를 저버리지 않는다. 지금 이 글을 쓰는 중에도 나의 글신은 지긋이 미소 지으며 지켜보고 있다.

추억은 그리움을 안고

얼마 전 소설가 K 선생님으로부터 그분의 모교인 E 여대 동창 문인회에서 펴낸 수필집(2021년 출간)을 선물받았다. 예쁜 꽃이 수채화로 아름답게 그려진 겉표지에 이끌려 책장을 넘기다 보니 옛 시간의 터널 속으로 점점 빨려 들어갔다.

글쓴이의 대부분은 '60년대에서 '70년대 대학 시절에 경험하였던 옛 추억을 마치 할머니가 손주에게 얘기해주시듯 다정하고 나긋나긋하게 펼쳐 보여준다. 총장님과 선배님, 동창을 그리워하며, 모교 대강당 옆에 핀 자목련을 생각하며, 고향 집 대청 한가운데 걸려 있던 가족사진을 회고하며, 때로는 정이 든 반려견과 아쉬운 작별의 순간을 떠올리며 잔잔하게 말씀해주신다.

이 글들 속에서 무엇보다 반가웠던 것은 옛날 나의 중학교 시절 국어 선생님이셨던 K 선생님의 글이었다. 뜻밖의 만남이라 가슴이 무척 설렜다.

생각지도 않던 곳에서 그분의 향기를 음미할 수 있다니!

순간 중학교 2학년 때 국어 시간의 한 아련한 장면이 머리에 스친다.

국어 시간에 K 선생님은 가끔 '시 쓰기' 숙제를 내주고는 아이들의 글을 모두 읽어보시고 그중 잘 쓰인 작품을 읽어주시곤 하셨다.

어느 국어 시간이었는데 읽어주신 시가 바로 내 시였다. 너무 뜻밖이었다. 지금은 기억이 가물가물한데 하굣길 사직동 나지막한 산길을 지나며 느꼈던 감상을 그린 시였던 것 같다. 그 당시 혼자서만 틈틈이 시를 써왔기 때문에 남들로부터 칭찬받은 경험이 없던 터라 더욱 흥분했던 기억이 선하다.

이런 기억 때문인지 언제나 조용하시고 사색하시는 듯한 선생님의 얼굴이 더욱 그립게 다가온다. 얼른 선생님의 글을 읽고 싶어 책장을 넘겼다. 〈그 아름다운 여름날을 기억하네〉라는 제목이었다.

선생님을 생각하며 읽어본다.

K 선생님은 졸업을 앞둔 대학 4학년 학생들과 졸업여행을 강원도로 떠났는데 인솔 지도교수였다.

산길을 걷는 도중, 앞에 갑자기 시냇물이 나타났는데 모두 그 자리에서 양말을 벗고 신발을 손에 든 채 첨벙첨벙 뛰어들어 내를 건너기 시작했다. 그런데 K 선생님은 3박 4일의 일정 중 둘째 날, 불행히도 발을 다쳐 시골 읍내의 가까운 병원에서 몇 바늘 꿰매기까지 한 상태였다. 걸을 수는 있었지만, 의사가 상처 부위가 물에 닿지 않도록 신신당부를 했던 상황이었다.

"이 일을 어떡하나."

난감해하는 선생님에게 중간 키의 가냘픈 학생 한 명이 불현듯 등을 내밀며 한마디 한다.

"선생님, 제게 업히세요."

이 말을 듣는 순간, 선생님은 학생의 체구를 보며 기가 막혀 "얘, 말이 되니? 나를 업고 너 일어서지도 못하겠다"라고 하였고, 다른 학생들도 절레절레 고개를 저었다. 일행 사이에 잠시 어색한 침묵이 흘렀지만, 당시 상황으로는 별도리가 없었다.

선생님은 눈을 질끈 감고 그의 등에 업혔다. 힘에 부쳐 자기를 물에 빠뜨린들 어쩔 수 없다는 각오를 한 채로.

그런데 이게 웬일인가?

가냘픈 45kg의 여학생이 52kg의 선생님을 업은 채, 올림픽 역도 선수처럼 일어서서 한 발짝, 한 발짝 냇물을 건너기 시작하는 게 아닌가.

물살은 꽤 힘차게 흘렀고, 그는 맨발이었고, 냇물 바닥의 크고 작은 돌멩이들은 미끄러웠지만, 마침내 흔들림 없이 시냇물을 건넜다.

마침내 학생이 선생님을 대지 위에 안전하게 내려놓자 지켜보던 모두가 "와!" 하고 탄성을 지르고 손뼉을 쳤다는 인상 깊은 이야기였다.

선생님은 '산 너머로 숨으려던 해님도 안도의 한숨을 쉬며 웃고 있었다'고 이 상황을 우회적으로 표현하셨지만, 나 역시 선생님의 글을 읽으며 조바심 낸 가슴을 쓸어내리며 빙그레 웃고 말았다.

문득 '지금 선생님의 연세는 얼마나 되셨을까?' 궁금했다.

책에 적힌 졸업 연도를 꼼꼼 따져보니 큰누님 정도의 연세였다.

'아~ 벌써 여든이 되셨구나!'

그렇다면 중학교 때 언제나 웃으시며 나를 따뜻하게 대해주셨던 P 교장 선생님은 아흔 줄에 들어섰을 테고, 존경스러운 인품을 지니신 J 목사님-다니던 학교가 미션 스쿨이었다-은 여든 중반에, 과학을 맡으신 예쁜 C 선생님은 일흔 후반대의 연세가 되지 않았을까. 내 나이 든 줄은 까맣게 잊고 선생님들 연세 든 것만 생각하고 있었다.

문득 그 시절에 쓴 일기가 보고 싶어졌다.

책장 깊숙이 보관했던 중학교 때 쓴 대학노트 3권을 꺼내 펼친다. 나는 50여 년 전으로 순식간에 타임머신을 타고 이동한다. 까까머리를 하고 한바탕 놀다가 웃고 그러다가 울고 있는 내가 보였다.

오후 내내 추억에 젖어서인지 늦은 시각 잠자리에서도 좀처럼 잠을 이루지 못했다. 뒤치락거리다 잠이 들었지만 몇 시간 못 자고 깼다.

눈을 감고 또 한 차례 잠을 청했지만 정신이 말똥하기만 하다.

기다리다 못해 스마트폰을 꺼내 들어 옛날 바둑TV 해설 유튜브를 클릭한다. 어느 타이틀전 조훈현 9단과 중국의 마효춘 9단의 준결승 대국이었다. 해설은 젊은 모습의 노영하 프로와 장수영 프로가 하고 있었다.

무려 26년 전의 현장의 모습이 눈앞에 생생하게 펼쳐진다.

밤은 깊어가는데 나의 무의식은 옛 추억의 달콤한 늪에 빠져, 젊은 시절 바둑에 심취했던 그때로부터 현재로의 복귀를 완강히 거부하고 있었다.

다시 꿈나라로 돌아간 것은 세 시간이 흘러 대국이 끝난 뒤였다.

창문으로 여명(黎明)이 서서히 밝아오고 있었다.

또 한 분의 멘토

요 며칠 동안 또 한 분의 멘토를 알게 되어 행복했다.

책을 보다가 그의 이름을 알게 되었고, 도서관에서 그에 관한 책을 빌려와 읽을수록 더욱 그의 매력에 깊이 빠져든다. 그동안 이분의 이름을 한 번도 들어보지 못했다는 게 의아하고 안타깝고, 심지어 창피하기까지 하다. 지난 다섯 해 동안 천 권 이상의 책을 읽었다고 자부를 느껴온 내가 부끄러웠다.

그의 이름은 **엘리 위젤**(Elie Wiesel)!

루마니아 태생의 유대계 미국인 작가이며 교수다. 인권 활동가이며 홀로코스트 생존자이자 노벨평화상('86년) 수상자이기도 하다.

그의 삶은 여세부침(與世浮沈)하였는데 초반의 삶은 참담하기만 하다. 15세 때 나치에 의해 아우슈비츠 수용소에 수감되었다가 나중에 부헨발트 수용소로 이감되었고 전쟁이 끝나자 비로소 자유의 몸이 되었다. 그 후 그는 프랑스 소르본대학교에 입학하여 문학, 철학과 심리학을 공부하였고 회고록 《밤》을 출간했다. 그의 책은 1천만 부 이상 판매되었고 30개 언어로 번역될 만큼 세계의 주목을 끌었다. 그 후 보스턴대학 인문학 교수를 오랫동안 역임했다.

책을 읽고 그를 알고 나서부터 자연스럽게 그는 나의 멘토가 되었다.

홀로코스트로부터 살아남았다는 특별한 이력 때문이 아니라, 그런 고통에도 불구하고 그의 순수하고 아름다운 영혼과 위대한 정신은 멘토로서 손색이 없다. 그로부터 배우고 싶은 점은 크게 세 가지다.

첫째, 배움의 열정이다.

그는 나치에 의해 부모와 세 여동생을 잃었고 종전 이후 프랑스 고아원에 보내졌는데 스스로 일어설 때까지 어떻게 포기하지 않고 버틸 수 있게 되었냐는 물음에 이렇게 답했다.

> 배움입니다. 배움이 나를 구원한 것입니다. 배움이 나를 구했다는 것을 아는 것처럼 나는 그 배움이 우리 모두를 구원할 수 있다는 사실을 믿습니다.
>
> (출처: 아리엘 버거, 《나의 기억을 보라》, 우진하 역, 쌤앤파커스, 2020)

엄청난 고립감에서 벗어나 삶의 의미를 찾게 해준 것은 다름 아닌 배움에 대한 열정이었다고 한다. 그는 죽기 직전까지 배움의 끈을 놓치지 않았다.

그는 죽음에 직면해서도 "아직도 해야 할 일이 잔뜩 남아있다. 수많은 계획이 마무리되지 못했고 아직 겪어보지 못한 어려움도 많이 있다. 그리고 아직 발견되지 못한 아름다운 단어들, 배우지 못한 내용은 또 얼마나 많은가"라고 안타까움을 토로하였다.

둘째는 인간에 대한 신뢰와 존중이다.

그는 경험했던 끔찍한 고통을 망각하지 않고 기억하면서 주위의 고통받는 사람들을 외면하거나 침묵하지 않고 용기 있게 손을 내민다. 부단히 세계 여러 분쟁지역을 찾거나, 떠도는 난민을 만나고, 언론에 말과 글로써 사회에 불편한 진실을 드러내고, 의문을 제기한다. 그리고 어려움에 처한 사람들과 같은 본성을 공유하는 인간으로서 그들을 돕기 위해서라면, 눈에 띄지 않는 작은 행동이라도 기꺼이 자율적이며 독립적으로 실행에 옮긴다.

책에 이런 얘기가 나온다.

그가 교수로 있을 때 조교가 그에게 고민을 털어놓았다.

"교수님! 저 자신이 사기꾼처럼 느껴집니다. 인간과 인류애를 공부하고 가르치면서도 실제로 도움 되는 일은 하나도 못 하고 있습니다."

"자신을 너무 다그치는 것 같군요. 학생들에게 가르치고 바람직한 영향을 주는 일 역시 직접적인 참여나 행동과 같은 거지요. 자신의 일을 너무 과소평가하지 마세요." 위젤 교수는 조교를 쳐다보며 말했다.

"그러면 어떻게 하는 것이 좋을까요?"

"어딘가 멀리 갈 것도 없습니다. 그저 자신의 주변에, 지나다니는 곳에 누가 있는지, 도움이 필요한 사람은 없는지 살펴보는 겁니다. 그저 매일 한 사람이라도 진심으로 공감하며 접촉하는 일이야말로 인류애를 실천하는 겁니다."

"단 한 생명이라도 살릴 수 있다면 지금까지 받은 모든 상과 명예를 다 내놓을 수 있다"라는 그의 말은 나에게 커다란 울림과 감동을 준다.

그리고 자신의 할아버지가 나치 친위대 장교로 복무했던 사실에 대해 괴로워하는 학생에 대해서 그는 단호하게 얘기한다.

"여러분 앞에 있는 어느 누구라도 인간적인 대접을 받도록 해야 하며, 과거에 무슨 일이 있었든 우리 앞에 있는 사람들만 생각해야 합니다. (중략) 어떠한 과거나 배경에 상관없이 우리는 모두 다 같은 사람입니다."

그의 말에서 인간에 대한 무한한 신뢰와 존중을 읽을 수 있었다.

우리는 타인의 과거 이력이나 선입견, 들은 단편적인 지식을 근거로 상대를 성급하게 판단하고 평가하는 실수를 흔히 범하곤 한다. '한 인간을 판단한다는 것은 우주를 판단하는 것'이라고 누군가 한 말이 생각난다. 그리고 키르케고르는 '누군가 나를 자기 잣대로 평가한다면 그 사람은 이미 나라는 존재를 부정하는 것'이라고 하지 않았던가.

마지막으로 타인에 대한 다름을 인정하고, 차이점을 존중하는, 열린 마음이다.

그는 다른 사람과 종교, 인종, 언어, 피부색 그리고 생김새의 다름에 거부감을 느끼는 사람은 더 이상 서로의 진짜 모습을 보지 못하고, 자신이 모르는 것에 대해서 존중하는 마음도 갖기 어려워진다고 하였다.

그는 서로 다름의 의미에 대해서 이렇게 말한다.

> 우리는 서로 다르기에, 그리고 각자 다양한 길을 알고 있기에 서로를 필요로 하는 것이다. 또 다름으로 인한 차이점 때문에 갈등이 일어날 수 있는데 그런 갈등이 건설적인 방향으로 가도록 하기 위해서 우리는 용기가 필요하다.
>
> 갑옷으로 자신을 보호할 생각 대신 갑옷을 과감히 벗어 던져야 한

다. 마치 다윗왕이 골리앗과 싸우러 가기 전, 사울 왕이 하사한 갑옷을 거부했듯이.

(출처: 아리엘 버거, 《나의 기억을 보라》, 우진하 역, 쌤앤파커스, 2020)

그는 경고한다.

서로 다름에서 오는 타인과의 갈등은 올바른 방향으로만 간다면 긍정적 효과를 낼 수 있지만, 중세 가톨릭교회의 마녀심판, 고문, 화형과 나치의 만행은 물론, 세계 곳곳에서 벌어지는 차별화 행위에서 보는 것처럼, 사람들 사이의 차이점을 완전히 없애거나 무너뜨리는 쪽으로 가면 결코 안 된다고.

그는 또 이렇게 권유한다.

"타인이 친숙할지라도 마치 이전에 한 번도 보지 못한 것처럼 낯설게 보세요. 그 사람의 존재를 당연한 것으로 여기지 말고, 볼 때마다 새로운 사람을 만나듯 놀라워하세요. 이렇게 했을 때 상대를 '있는 그대로' 보게 되고 존중하는 마음을 갖게 됩니다."

이 얼마나 열린 가슴의 놀라운 통찰인가?

나는 이런 논리를 가족에게도 적용하고 싶다. 단지 오랫동안 같이 지내왔다고 해서 상대를 다 안다고 착각하거나, 혹은 내가 낳았다고 내 소유라고 생각하여 상대를 무시하는 말과 행동을 함으로써 얼마나 많은 가족이 고통받고 상처받아왔던가?

그는 맹목적인 믿음에 대해서도 경고의 메시지를 기탄없이 던진다.

"가장 권위 있는 가르침에 따라, 가장 신성한 경전을 읽게 되더라도, 인간성을 말살하고 누군가를 괴롭히고 모욕을 주게 된다면, 우리는 그런 경전 읽기는 거부해야 한다. (중략) 선한 종교인이란 결국 선량하고 신뢰할만한 인간이어야 한다"라고 하면서 어떤 길이 다른 길보다 더 옳다고, 낫다고 주장하며 타인과 타인의 믿음을 무시한다면 이것은 바로 인간성의 말살을 의미한다고 하였다.

그는 서로가 존중하면서 귀를 기울이고, 한 치도 물러서지 않고 자신들의 생각을 펼쳐가며 배워나갈 때 희망이 싹튼다고 하였다. 그러면 인간에 대한 사랑이, 평화가 그리고 존엄성이 다시 살아날 수 있다고 하였다.

그는 아이처럼 순수하고, 맑고 자유로운 영혼, 그리고 열린 마음을 가진 위인이었다.

이제 나는 또 한 명의 든든한 멘토를 얻었다.

어려운 문제가 있을 때면 언제나 이렇게 스스로 물어보면 답을 찾을 수 있을 것 같다.

"이럴 때 위젤 교수라면 어떻게 할까?"

말은 힘이 세다

며칠 전, 친한 대학 동창으로부터 뜻밖의 문자메시지를 받았다.

하루가 멀다며 문자를 주고받는 친구인데, 대화 중 친구에게 무심히 사용한 한 단어가 문제를 일으켰다. 그 단어는 평소 내가 친한 상대를 일컬어 말할 때 쓰는 '자네'라는 호칭이었다.

그동안 친구는 '자네'라고 부르는 호칭이 마음에 들지 않았던 것이다.

이 호칭은 요새 잘 쓰지 않는 말로서 옛날에는 아랫사람에게 썼던 말로 생각하고 있었다. 그는 자연스럽게 웃으며 우회적으로 말하고 있었지만, 살짝 불만이 섞인 그의 말을 들었을 때 순간 멍을 때렸다.

이 호칭은 내가 평소 여러 친구에게도 흔히 사용하고 있던 단어가 아닌가?

생각지도 못했던 터라 충격적이기도 했다.

'아니, 이 호칭이 상대를 낮춰서 비하하듯 부르는 말이었나?'

나는 즉시 '친한 친구한테 쓰는 자연스러운 호칭이라고 쓴 건데 마음에 안 든다면 쓰지 않겠다'고 친구에게 얘기하고 국어사전을 펼쳐 뜻풀이를 봤다.

'하게할 자리에 쓴다'고 쓰여 있었다. '하게체'를 검색해봤다.

'아랫사람을 보통으로 낮추면서 조금 대접해주는 뜻을 나타냄'이라고 한다.

그렇구나!

나는 그동안 허물없는 친한 친구한테 자연스럽게 사용했는데 듣는 이에 따라서는 이렇게 살짝 오해하여 마음이 불편할 수도 있었겠구나!

하루에도 수십 번 무심코 주고받는 말에 대해서 다시 돌아보게 되었다.

아울러 이런 얘기를 내가 불편하지 않도록 살짝 돌려서 얘기해준 친구의 작은 용기에도 고마웠다. 설사 내가 그런 의도가 전혀 없다손 하더라도 듣는 상대방이 다르게 받아들인다면 원활한 소통이 되지 않은 것이다.

말은 '나'와 '너'를 연결시켜주는 주요한 소통 수단인데 이렇게 단어의 잘못된 사용으로 화자의 의도를 상대가 오해하게 되어 빚어지는 소통의 장애가 얼마나 많겠는가.

말은 하는 사람의 인격을 드러낸다고 생각한다. 말하는 나의 입장이나 의도, 감정보다는 먼저 상대의 관점과 이해, 감정을 고려하여 상황에 적합한 말을 해야 할 터이다.

유튜브로 화이트레빗 님의 동영상 강의를 즐겨 보는데 며칠 전 봤던 내용이 떠오른다. 말이 가진 놀라운 생명력을 보여준 사례다.

미국 CBS TV에 2010년에 보도되었던 기사다.

호주 시드니의 작은 마을에 사는 '케이트 오그라'라는 여성이 임신 27주 만에 쌍둥이를 조산하게 되었다. 딸 에이미는 무난하게 출산했지만, 아들인 제이미는 체중이 1kg도 되지 않았고 숨도 제대로 쉬지 못했다.

아들 제이미는 의료진의 노력에도 호흡이 정상으로 돌아오지 않아 결국 사망진단을 받고 말았다. 이 비극적 상황에 엄마인 케이트는 마지막으로 죽은 아들을 안아주고 싶다고 의료진에 부탁하여 허락을 얻었다. 엄마 케이트는 남편 데이비드와 함께 침대에 누워 아들을 꼭 안고 끊임없이 말을 걸었다.

그동안 너를 얼마나 얻길 원했는지를 얘기하며 두 시간 동안 "사랑한다"라는 메시지를 아이에게 반복하여 말해주었다.

그런데 어느 순간 제이미의 손이 움직이기 시작했고 이어 눈을 뜨고 숨을 쉬기 시작하였다.

기적이 일어난 것이다!

진실한 사랑이 담긴 말이 하늘과 인간을 연결시켜 죽은 생명을 살려낸 것이다. 놀랍지 않은가? 아이의 영혼이 부모의 간절한 사랑의 말을 듣고 다시 돌아온 것이다! 현재 이 남매는 시드니 근처 집에서 잘 자라고 있다고 한다.

문득 며칠 전 책에서 읽었던 조르다노 부르노의 말이 생생하게 기억난다.

그가 '지구가 우주의 중심이 아니라'고 주장했다는 이유로 이탈리아 로마 나보나 광장에서 공개 재판을 받고 있었는데 무릎을 꿇은 채 판결문을 듣고 있다가 벌떡 일어나 재판관들에게 이렇게 외쳤다.

> 나는 이런 나의 견해를 두렵게 받아들이지 않지만, 여러분은 두려운 마음으로 이를 받아들입니다.
>
> (출처: 한동일, 《로마법 수업》, 문학동네, 2019)

그는 다음 날 화형을 당하여 불꽃 속으로 사라졌다. 두려워하는 것은 너희지, 내가 아니라는 말을 남기고 세상을 떠난 것이다.

그렇다!

모르기 때문에 두려운 것이다. 무지는 그 자체로 고통이요, 괴로움이다. 화형을 당하기 직전에 그는 마지막으로 무지한 사람들을 향하여 또 한 방 날린다.

> 무지는 세상에서 가장 유쾌한 학문이다. 아무런 노동이나 수고 없이도 습득할 수 있으며 정신에 우울함이 스며들지 못하게 해주기 때

문이다.

(출처: 한동일, 《로마법 수업》, 문학동네, 2019)

이 얼마나 멋있고 통쾌한 말인가?

감정을 가진 인간이 극단의 고통 속에서도 이런 말을 할 수 있다니!

수많은 사람이 지켜보는 광장에서, 화형을 당하기 직전에 자신의 신념을 이를 악물고 미친 듯 떠벌리는 대신, 이렇게 감정에 휩싸이지 않고 조용히, 듣는 이가 평생 잠 못 이루게 하는, 가슴속 진한 연민에서 우러나온 이 한마디의 말.

"우아한 조롱은 천 마디 욕설의 가치가 있다"라고 하였던 변호사 루이스 나이저의 말이 새삼 실감 나는 순간이다.

이 한마디의 말은 나뿐이 아니라 앞으로도 많은 사람의 마음속에 오랫동안 남아있으면서 감동을 줄 것이다. 500년이 흘러가는 지금, 나에게까지 이 말이 회자(膾炙)되고 있다는 사실만 해도 알 수 있다.

말이란 이렇게 힘이 세다는 것을 새삼 느끼게 되었다.

이런 말은 에고가 사라지고 나에게 고난을 주는 사람에게까지 사랑과 연민의 마음을 내지 않으면 감히 하지 못하는 말인 듯싶다. 죽음은 고사하고 자신의 자존심에 살짝 생채기를 남기는 말에도 쉬이 흥분하는 나 같은 범인(凡人)은 할 수 없는 말이다.

나는 이 부르노의 마지막 말에서 희망을 봤다.

일상에 파묻혀 살아가는 인간이라도 인격을 갖추고 자기를 성찰한다면 이렇게 신성에 가까울 정도의 거룩함을 드러낼 수도 있겠구나!

친구의 조그마한 용기 있는 말 한마디에 나를 되돌아보게 되었고, 유튜브 영상을 보고 사랑이 담긴 말의 위력에 감동하고, 또 한 철학자의 거룩한 말에서 인간의 무한한 가능성에 대한 깨달음까지 얻게 되었다.

참으로 의미 있고 뜻깊은 시간이었다.

도전한다는 것은

요즘 바깥 기온이 영하 9~10도로 떨어져 쌀쌀한 날씨에 산책하기가 쉽지 않다. 게다가 바람까지 부는 날이면 여간 곤욕스럽지 않다. 잔꾀를 부리게 되던 차에 얼마 전 이를 대체할만한 운동을 발견했다.

걸어서 계단 오르기다.

얼마 전 친구들이 열심히 하는 걸 보고 자극을 받아 도전해보기로 마음을 냈다. 내가 사는 층은 25층인데 당장은 1층부터 집에까지 오를 자신은 없고 10층부터 시작하기로 했다. 15개 층, 240계단이다. 매일 한두 번 빠지지 않고 꾸준히 하는 것을 목표로 하되 소요시간을 스마트폰에 기록하였다.

오늘은 시작한 지 19일째 되는 날이다.

다행히도 지금까지 한 번도 건너뛰지 않고 꾸준히 실천해왔다. 하루에 보통 한두 번 오르는데 기록이 3분 10초대 근방에서 들쭉날쭉

하다. 그날의 컨디션에 따라 좌우되지만 나는 기록에 개의치 않는다. 단지 근육 부자 만들기에 목표를 두고 있기 때문이다. 이렇게 하다 보면 언젠가는 3분대의 기록이 깨지지 않을까, 기대해본다.

문득 영국의 중거리 육상선수 '로저 배니스터(Roger Bannister)'가 생각난다. 그는 1마일(1.6km) 달리기에서 사상 최초로 마(魔)의 4분 벽을 깬 장본인이다. 약 60여 년 전인 1954년의 일인데 그 당시엔 인간이 1마일을 4분 안에 달리면 허파와 심장이 파열될 것이라는 사회적 통념이 있었다.

그러던 것이 영국 옥스퍼드대학 출신 한 의대생이 아마추어로 육상대회에 참가하여 1마일을 3분 59초 4의 기록으로 주파하여 마의 4분 벽을 깨며 육상선수들의 숙원을 해결한 것이다.

기적이었다!

세상은 경악했다. 어떻게 이런 일이 일어날 수 있었을까?

그는 전문 육상인도 아니었다. 병원 수련의로서 근무하면서 틈틈이 시간 날 때마다 기존 코치진의 지도를 거부하고 자신의 의학지식을 육상에 적용해 독학으로 훈련을 해왔다고 한다.

그러나 더욱 놀라운 것은 그가 기록을 낸 뒤, 한 달 만에 10명, 1년도 안 되어 37명, 이후 몇 년 후에는 300명 이상의 선수들이 4분 이내 기록을 달성하였다는 사실이다. 배니스터가 4분대를 깨기

이전에는 1923년에 핀란드의 파보 누르미가 4분 10초를 기록한 이후, 몇 명의 선수가 조금씩 기록을 단축하여 1945년에는 4분 01초까지 단축하는 데 그쳤던 터였다.

이와 유사한 현상은 세계의 지붕 에베레스트산 등정 기록에서도 볼 수 있다.

1953년 에드먼드 힐러리와 세르파 텐징 노르게이에 의해 세계 최초 에베레스트산 등정에 성공한 이후, 1년에 수십 명씩 꾸준히 등정에 성공했지만 2000년대 후반부터는 한 해 수백 명 단위로 등정에 성공한 것이다. 물론 그동안 기술의 발달로 극한상황을 잘 견딜 수 있는 장비가 개발되고 베이스캠프를 높은 고지에 곳곳에 설치한 이유도 있겠지만 나는 정신적인 측면에서 그 주원인을 찾을 수 있다고 생각한다.

4분 벽을 깬 배니스터는 이렇게 말했다.

> 내가 뛰어넘은 것은 정신력의 한계입니다. 4분 기록을 깨는 것은 에베레스트 정복처럼 인간의 정신력에 도전하는 것이었죠.

그동안 불가능하다고 생각했던 심리적 장벽이 무너지자 정신적 장애물은 사라졌고, 선수들은 저마다 새로운 도전에 한층 더 박차를 가하게 된 것이다. 이것을 인지심리학 용어의 '점화이론'에 빗대어 설명할 수도 있을 것 같다.

그동안 잠재 의식상에 굳건히 자리 잡혀있던 '4분대의 기록은 절대 깰 수가 없다'는 고정관념이 와해되고 '저 친구가 할 수 있다면 나도 할 수 있다'는 자신감으로 긍정적 연쇄 점화가 일어난 것이다. 무의식적으로 반응하고 생각하는 대신 의식적인 점화를 한 것이다.

이런 의식적인 점화의 이점을 미국의 뇌신경학자 조 디스펜자는 이렇게 말한다.

> 점화를 통해 우리는 이상적인 방식으로 행동하게 만드는 회로를 활성화할 수 있다. 나락으로 떨어지는 대신에 승화하는 것이다. 이렇게 하여 자신을 환경과 분리하고 환경을 창조함으로써 자신을 더 새롭게 변화시킬 수 있는 것이다.
>
> (출처: 조 디스펜자, 《꿈을 이룬 사람들의 뇌》, 김재일, 윤혜영 역, 한언, 2009)

나는 지금의 계단 오르기 훈련이 어느 정도 궤도에 올라간다면 좀 더 도전적인 목표로 수정할 것이다. 사실 남들이 보면 도전이라고 할만한 가치도 없을지 모른다. 하지만 나는 외부의 시선에 개의치 않고 나만의 도전을 시도할 것이다. 도전한다는 것은 나의 몸과 정신의 한계를 다시 규정하는 성스러운 작업이기 때문이다.

산악인 엄홍길 씨는 이렇게 말하였다.

> 히말라야에 오르는 매 순간이 한계에 대한 도전이었지만 가장 힘들었던 순간은 안나푸르나 그 자체였다. 아끼는 동료를 세 명이나 잃었고 네 번째 등정에서는 발이 부러졌다. 의사는 걷는 것도 쉽지

않을 거라 했지만 끊임없는 재활 훈련 끝에 다시 도전했고 마침내 성공했다. 극한 추위와 고통은 괴로웠으나 어려움을 이겨내고 고난의 시간을 견뎌냈을 때 결국 나 자신의 한계를 초월할 수 있다는 것을 배웠다.

도전에 성공을 결정하는 요인은 무엇보다도 강한 정신력과 자신감이었다. 스포츠과학 저널리스트인 허친슨 박사는 그의 책에서 이렇게 말한다.

> 우리는 결국 인간이라는 종의 한계를 넓힌다는 공통의 도전을 하고 있다. 계산기만 두드려서는 절대 그 도전의 결과를 예측할 수 없다. (중략) 인간의 한계는 여기서 끝이 아니다. 우리에게 믿고자 하는 의지만 있다면.
>
> (출처: 알렉스 허친슨, 《인듀어》, 서유라 역, 다산초당, 2018)

이제 나는 내 안의 숨은 잠재력을 발휘할 수 있는 열쇠를 가지게 되었다. 남은 것은 힘차게 앞발을 내지르고 두 팔을 뻗어 올리는 일만 남았다.

벌써 도전의 절반은 성공한 듯하다.

친구의 의미를 생각하다

평소 H 씨의 유튜브 강의 내용을 즐겨 본다.

그는 '원더풀 인생 후반전'이라는 타이틀로 은퇴 후 제2의 삶을 즐겁게 사는 지혜를 제공하고 있다. 오늘 본 강의는 '친구 없이도 노년을 행복하게 살아가는 사람들'이라는 제목이었다. 흥미로운 주제인 것 같아 들어보니 과연 공감이 가는 내용이라고 생각되어 간략하게 소개하고 싶다.

그는 친구 없이도 노년을 행복하게 살아가는 사람들의 특징에 대해 이렇게 말하였다.

첫째, 친구라는 개념을 달리 생각한다.

일반적으로 친구라고 하면 학교 동창이나 시골 친구, 직장 동료 등 예전부터 잘 알고 지내는 사람을 가리키는데, 노년을 행복하게 살아가는 사람들은 지금 자신과 함께하는 사람들이면 누구나 친구로 생각한다는 것이다.

그들은 처음 만나는 사람이라도 현재 자신과 함께 있는 사람이면 열린 마음으로 친구로 받아들이고 즐겁고 재미있는 시간을 보낸다. 그러니 굳이 잘 알고 지내던 친구가 아니더라도 자연스럽게 더불어 교감함으로써 외롭거나 정서적인 공허감을 느끼지 않는다는 것이다.

공감이 가는 말이다.

과거 잘 알고 지내던 친구에 한정하지 않고 무엇보다도 지금 여기, 함께하는 사람들에게 마음을 연다는 개방적인 태도가 마음을 끈다. 그들은 동네 슈퍼의 캐셔, 빵집의 알바 점원, 이발소의 미용사와 따뜻한 눈빛으로 인사하고 친절한 말 한마디를 건네고, 가끔 만나는 동호회 회원들과 반갑게 대화를 하며 즐거운 시간을 갖는다. 어쩌다 같은 행성에 태어나 더불어 세상을 살아가는 동반자로서 유대감을 갖고 열린 마음으로 교감하는 것이다.

친구의 개념에 사람뿐 아니라 동식물도 포함시키고 싶다. 개나 고양이 등 반려동물은 물론이고 반려식물이나 특정 나무 등 자연도 충분히 친구의 역할이 가능할 것이다.

아침에 일어나 거실 화초들과 아침 인사를 나누고 떠오르는 태양을 향해 감사의 메시지를 건넨다. 이들이 모두 나의 친구인 세상은 외롭거나 따분하거나 공허하지 않다.

두 번째 특징은 자신의 에너지를 어디에 쓸지 안다.

주위의 다양한 사람들과 많은 친구 관계를 맺다 보면 본의 아니게 오해를 사기도 하고 다투기도 하는데, 이런 관계가 지속되면 스트레스가 되어 마음에 생채기를 내기도 한다. 그래서 노년을 행복하게 살아가는 사람들은 친구와 많은 시간을 지나치게 가깝게 관계 맺기보다는 적당한 거리를 두고 일정한 관계를 유지하려고 한다. 그 대신 남는 에너지를 모아서 자기 발전이나 가정에 쏟는 것이 더 지혜롭게 생각한다는 것이다.

친구와의 관계에서 무엇보다 중요한 것은 친구가 많고 적음보다도 어떤 친구와 어떤 대화를 나누며 지내느냐에 달린 것 같다. 수백 명의 SNS 친구보다 속마음을 나누는 진정한 친구 세 명이 더 낫다는 말이 있지 않은가. 자신과 삶의 방향이나 가치관이 유사한 친구와 의미 있고 진정성 있는 대화를 나눌 수 있다면, 아무리 많은 시간 에너지를 쏟더라도 전혀 허전해지거나 후회하지 않을 것이다.

이렇게 마음 맞는 친구와 더불어 나이 들어간다고 한다면 얼마나 든든하고 힘이 나겠는가. 나이가 많아질수록 주위에 많던 사람들이 하나씩 보이지 않고 이제는 홀로 가야 하는 현실에서는 더더욱 친구의 소중함이 절실해질 것 같다.

마지막 특징은 혼자서 조용하게 하고 싶은 것을 하면서 기쁨을 느끼며 살아간다.

젊었을 적엔 주위 사람들과 부딪치고 의존하면서 살아야 했다면, 이제 나이 들어서는 스스로 판단하여 결정하고 책임질 수 있는 자유의 폭이 넓어지게 된다. 의지만 있다면 독립적인 삶을 꾸려나갈 수도 있게 된 것이다. 마음에 맞는 친구가 없다면 굳이 친구를 사귀지 않더라도 자신이 하고 싶은 일들에 몰입함으로써 행복을 누릴 수 있다는 것이다.

이 생각에 전적으로 공감한다.

나 역시 나이가 들어서는 타인의 시선과 평가에 덜 휘둘리게 되었고, 내가 하고 싶은 것에 대해서 용기 있게 말하고 실행에 옮길 수 있는 자유를 더 누릴 수 있게 되었다. 또한 내가 하기 싫은 것에 대해서는 상당 부분 '노'라고 말할 수도 있게 되었다. 이렇게 내가 선택하고 행동한 것에 대하여 책임질 수 있다는 유능감은 나의 자존감의 원천이 되었다.

또한 나이가 들어서 온종일 생업에 종사하지 않아도 된다는 것이 또 하나의 축복이다. 젊었을 땐 누려보지 못한, 엄청난 자유의 시간들! 열정과 의지만 있다면 이 시간을 온전히, 내가 진정으로 하고 싶은 것에 쏟아부을 수 있게 된 것이다.

현재 내가 누리고 있는 것, 책 읽고 산책하고 음악 듣고 바둑 감상하고 글 쓰는 생활 이외에도 조건이 된다면 틈틈이 국내 여행과 외국에서 한 달 살아보기도 할 수 있을 것이다. 생각만 해도 세로토닌이 퐁퐁 솟아난다. 물론 이런 일을 하는 데 마음 맞는 친구가 동참한다면 기쁨은 배가 될 것이다.

하지만 이런 친구를 만나는 데 지나친 에너지를 쏟고 싶진 않다. 만나면 좋고 만나지 않더라도 괜찮다. 고대 스토아 철학자들처럼 나에게 주어지지 않은 것을 가지려고 애쓰지 않고, 주어진 것을 기꺼이 수용하며 살고 싶다. 다행히도 지금 나는 이런 친구들이 여럿 있음에 행복하게 생각하지만.

결국 내 삶의 주체는 나 자신이다.
나 이외의 그 누구도 나의 삶을 근본적으로 대신 살아줄 수 없다.

어차피 인생이란 혼자 와서 혼자 가는 여정 아닌가.

건강한 삶

어제 친구가 보내온 한 편의 동영상을 보고 새로운 각오를 하게 되었다.

미국 스탠포드대학병원의 한 한국인 의사의 치매 예방 강의였는데, 7분 남짓 되는 강의 시간 내내 귀를 쫑긋하고 듣지 않을 수 없었다.

그는 대학병원 내 시니어 클리닉에서 치매 환자를 치료하며 돌보는 의사로서 그동안 경험한 것을 중심으로 임상 데이터를 인용하며 치매 예방을 위한 특별한 노하우 두 가지를 제시하였다.

첫 번째 비결은 운동인데, 특정 방법으로 운동할 때만 치매 예방에 도움이 된다는 것을 강조하였다.

보통 나이 들어 운동한다고 하면 약 30~40분 정도 걷는 것으로 만족하는데 이걸로는 부족하다는 것이다. 중요한 것은 운동을 땀이 날 정도로 해서 심장을 뛰게 하는 것이라고 한다.

그가 돌보는 65세 이상의 환자를 대상으로 연구를 한 결과, 땀이 나도록 운동을 하면 뇌세포가 살아나고 뇌의 불순물을 제거하게 되어 뇌에 좋은 호르몬이 생성되었다고 한다. 이렇게 실제 시니어 환자를 대상으로 한 임상실험에서 그 효과가 입증된 데이터를 명쾌하게 제시하니 설득력이 있었다.

이런 효과는 시니어에게만 한정된 것이 아니라 공부하는 학생들에게도 효과적이기 때문에 미국의 상위 1%의 부모들은 아이들에게 스포츠를 적극 권장한다고 한다.

그리고 잠을 푹 자고 간헐적으로 단식을 하는 것과 더불어 영양보조제로 비타민D나 오메가3, 커피 그리고 커큐민을 같이 복용하는 것도 효과가 있었다고 하였다. 하지만 운동하는 것과 비교하면 상대가 되지 않는다고도 했다.

다음 두 번째 비결은 배움의 즐거움을 잃지 않는 것이라고 한다.

뇌의 회로를 깨워주도록 매번 새로운 것을 배워야 한다. 그래서 시니어 클리닉 환자들은 쉬는 시간에 주로 책을 읽고 퀴즈게임을 하는 등 두뇌 활동을 적극적으로 한다고 한다. 가령 새로운 언어를 배우거나 악기 연주를 익히는 등 재미있고 도전적인 과제를 수행하는 것도 좋은 실천 방법이라고 하였다.

이렇게 운동과 배움을 적극적으로 생활 속에서 실천한다면 치매는 먼 나라 얘기가 될 것 같다.

나의 현재 생활을 돌아보게 된다.

운동은 하루 두 차례 학의천변을 걷는 것으로 만족하고 있다. 그것도 땀이 나지 않을 만큼 느긋하게, 운동이 아니라 산책을 해왔다. 산책은 나의 글쓰기에 꼭 필요한 것이기 때문이다.

하지만 이 생활 습관을 일부 수정하기로 했다. 산책 중간 틈틈이 일부 구간은 땀이 나도록 빠른 걸음으로 걸어서 운동을 병행하기로 하였다.

그리고 걷기와 아울러 하는 운동으로 아침, 저녁 잠자리에서 10~15분 정도 하는 스트레칭과 스쿼트, 그리고 맨손체조가 있다. 온몸의 긴장을 풀어주고 기분이 좋아지는 운동이다. 이 운동은 계속 꾸준히 하고 싶다.

그리고 추가적으로 근육 운동을 한 가지 덧붙이고 싶다.

나이 들어서는 근육 부자가 진정한 부자라는 말이 있다. 근육을 유지하기 위해서 간편하게 하는 방법으로 '계단 오르기'와 '아령 들기'를 하려고 한다. 얼마 전 친구들과 문자를 주고받다가 그들은 근육을 기르기 위해 열심히 계단 오르기를 한다는 사실을 알게 되었다. 자극이 되었다. 나 역시 욕심내지 않고 내 체력에 맞게 조금씩 속도를 늘려나가겠다. 작심삼일이 되지 않아야 할 텐데.

다음으로 배움의 즐거움에 대해서는 어느 정도 자신이 있다.

지금 내 생활이 배움을 실천하고 있기 때문이다.

책을 읽으며 삶의 멘토들로부터 배우고 깨달은 것을 글로 기록하고 체험함으로써 내 것으로 소화시키려고 노력한다. 또한 바둑을 즐겁게 감상하고 사활문제를 도전적으로 풀어가며 두뇌 활동을 원활히 하고 음악을 들으며 긴장을 풀고 두뇌 힐링을 한다. 지금의 이 배움의 생활이 더없이 만족스럽고 행복하다.

문득 미켈란젤로가 시스티나 성당의 천장 그림을 완성한 뒤, 스케치북 한쪽에 적어놓았다는 글귀가 생각난다. 그의 나이 87살에.

'Ancora Imparo'('나는 아직도 배우고 있다')

누구에게나 평온하고 품위 있게 삶을 살거나 죽음을 맞이할 권리가 있다고 한다.

나에게 부여된 이 권리를 포기하지 않기 위해서, 건강한 삶을 위해 더욱 열심히 운동과 배움을 게을리하지 않도록 하여야겠다.

나에게 기적이란

기적의 사전적 정의를 보면 '생각할 수 없는 기이한 일'이나 '신에 의해서 행해졌다고 믿어지는 불가사의한 현상'이라고 한다. 사람마다 기적을 정의하는 관점이 조금씩 다르겠지만 나는 기적을 이렇게 정의하고 싶다.

'감동과 환희로 가슴을 뛰게 만드는 신비롭고 경이로운 현상'

나에게 기적은 우물 안 개구리가 바깥세상을 보고, 우화(羽化) 직전의 번데기가 나비로 변형되는, 살 떨리는 체험 같은 것이다. 나의 조그마한 소아가 우주의 신비를, 실개울의 물방울 하나가 대양을 바라보는 느낌 같은 것이다.

이러한 체험은 매우 주관적이고 직접적이며 오랫동안 지속되는 체험이다. 이렇게 가슴을 뛰게 만드는 순간이야말로 내가 진정 살아있다는 것을, 존재한다는 것을 체감하게 해준다.

이런 순간들을 기억의 장에서 소환해본다.

머릿속에선 수정처럼 맑은 도파민이 회색 바위틈 계곡에서 송송 뿜어져 나오고, 깊고 푸른 호숫가에선 감동과 환희의 눈물방울이 맺힌다.

#1 초여름 개천가에서 잠자리의 첫 비행을 두근거리는 가슴으로 보고, 시골집 대청마루에서 책을 읽다가 어디선가 아련히 들려오는 매미의 음향에 접하는 순간, 환희의 기쁨은 절정에 이른다. 이어 한바탕 소낙비가 지나가고 고즈넉한 산사의 사위는 생명의 소리가 움트고 곧이어 풀벌레의 떼창으로 뒤덮인다.

#2 늦은 저녁, 나는 숲속 오솔길을 지나 예쁜 정원이 있는, 어느 붉은 지붕의 아담한 집 옆 골목길로 들어선다. 담을 따라 천천히 지나다 보니 귀에 익은 멜로디의 피아노 소리가 창문으로 솔솔 흘러나온다. 발걸음을 멈추고 귀를 창 쪽으로 기울이며 살짝 눈을 감는다.

베토벤 선생의 달빛 소나타다!

신비롭고 몽롱한 달빛 아래에서 듣는 이 음악은 단칸방에서 밤새 무한 반복하며 듣던 지난 시절의 향수를 불러온다. 이어 슈베르트의 야상곡(일명 '아다지오')과 쇼팽의 즉흥 환상곡이 기억의 저장고에서 톡톡 튀어나온다.

한동안 피아노의 선율에 빠져있노라니 어디선가 어렴풋이 목동의 웅장한 뿔피리 소리가 나를 깨운다.

브람스 선생의 교향곡 1번 4악장에 나오는 그 신비로운 호른 소리다!

이런 기적의 순간들은 책 속의 멘토들의 글을 통해서도 만끽한다. 사색의 정원 속을 함께 거닐며 그들이 나직이 들려주는 얘기를 듣다 보면 진한 감동과 함께 희열이 몰려온다. 가슴은 활짝 열리고 동공은 빛으로 가득 차며 자유로운 영혼으로 거듭난다.

기적은 여기서 멈추지 않는다.

#3 산책길에서 만나는 푸들 강아지의 팔랑이는 귀에서, 가지 끝에 움트는 새싹의 뽀송뽀송한 솜털에서, 개울가에 서서 먼 하늘을 쳐다보는 백로의 부드러운 눈빛에서도 기적을 읽을 수 있었다. 기적은 우리의 단조로운 일상을 아하(AHA)의 감동적인 순간으로 변화시켜 경이의 세계로 안내한다.

낯익은 공간을 벗어나 새로운 공간에서도 기적을 맞닥뜨리게 된다.

#4 여행길에서 본 폭포수의 장엄함, 바닷가 일출과 일몰의 경이로운 순간들, 그리고 비 온 뒤 산허리에 비스듬히 걸쳐있는 아름다운 무지개를 올려다봤을 때 가슴의 두근거림도 빼놓을 수 없는 기적의 순간이다.

그래서 미국의 유명한 쇼 진행자 오프라 윈프리는 그의 칼럼에서 기적에 대해 이렇게 얘기하지 않았을까.

> 내게 기적이란 우리보다 더 큰 무언가가 우리의 삶에 작용하고 있다는 것을 확인하는 것입니다. 기적을 보겠다고 마음을 열기만 한다면 기적은 때때로가 아니라 매일, 우리가 숨 쉴 때마다 바로 코앞에서 일어나고 있다고 나는 믿습니다.
>
> (출처: 오프라 윈프리, 《내가 확실히 아는 것들》, 송연수 역, 북하우스, 2014)

어제의 나는 사라지고 지금, 또 하나의 새로운 나로 다시 태어나는 짜릿한 체험 또한 기적이다. 나에게 오래된 육체의 탄생을 기념하는 생일은 의미가 없다. 매일 순간순간 변형되는 몸과 영혼의 새로운 탄생이야말로 나의 진정한 축복의 순간이다.

기적의 체험을 맛보는 나 자신에게 사랑, 배려, 연민, 축하의 눈길을 준다.

이 세상 많은 사람이 이렇게 일상에서 순간순간 기적을 체험하고, 자신을 진정 사랑하고 배려하여, 몸과 마음 깊숙이 기분 좋은 에너지를 맛볼 수만 있다면, 이 에너지는 나의 주위는 물론, 사회 전체에 영향을 미쳐 온 세상이 더욱 밝아질 것 같다. 우리는 모두 하나로 연결되어있기 때문이다.

이것이 바로 기적의 힘이 아니겠는가.

기적은 기이하고 초인적인 행위로 단순히 사람의 관심과 이목을 끄는 것이 아니라, 이렇게 일상 속 가슴 떨리는 체험으로, 몸과 영혼이 거듭나는 변화를 통해, 세상을 더욱 밝고 따뜻하게 변화시키는, 신비로운 힘이다.

코로나와 함께한 시간

창문을 사이에 두고 해맑은 아침 햇살을 만난다.

곱고 따사로운 손길이 다가와 얼굴을 어루만져준다. 포근함과 아늑함에 취해 벽에 몸을 기대어 살포시 눈을 감는다.

매일 보는 일상의 햇살인데 오늘은 다르다.

눈을 들어 저 모락산 기슭의 나무들을 둘러본다. 어제 온 비로 나뭇가지에 새로 움튼 파릇파릇한 여린 잎새들도 저마다 지금 여기, 햇살의 간지러움을 즐기고 있다.

이렇게 겨울은 조용히 봄에게 자리를 넘기며 우아한 퇴장을 하고 있었다. 구름 흘러가듯 한 점의 아쉬움도 없이.

얼떨결에 불청객을 만난 지도 벌써 열흘이 스쳐 지나가고 있다.

지난 일들이 마치 아름다운 추억이라도 되는 양, 파노라마처럼 떠오른다.

가족 모임이 몇 개월 만에 성사되어 우리는 사당동 어느 한 식당에서 모여, 그동안 못 했던 얘기꽃을 피웠고 또 다음을 기약하며 아쉬운 이별을 했다.

그리고 며칠 후 평일 아침, 느닷없이 받은 한 통의 전화가 생애 처음 맛보는 체험의 장으로 우리 부부를 내몰았다.

즉시 인근 보건소로 가서 검사를 받았고, 이튿날 결과에서 아내는 다행인지 코로나와 인연이 없었지만, 나는 이때부터 코로나와 함께하게 되었다. 가끔 마른기침이 나오고 후각과 미각이 살짝 떨어진 것 외에는 별 이상 증상은 없었지만 즉시 자가격리 되었다.

보건소에서 체온계와 맥박수, 산소포화도 측정기가 든 파우치가 도착하였고, 하루 두 번 증상을 체크하여 등록해야 하는 앱을 깔게 되는 등, 이제 아침잠에서 깨어 저녁 잠자리에 들 때까지의 시간은 나의 자유의지로 그려지는 유효한 선택지가 아니었다.

문득 오래전 가족과 여행한 이탈리아 어느 오지 마을의 옛 수도원이 생각난다. 지금은 개조되어 유스호스텔로 사용되고 있었지만 이런 외딴곳에 일부러 찾아와 묵상하고 기도하며 피정(避靜)하는 분들도 있었구나, 하며 의아했었다.

다행히도 지금의 나는 굳이 찾아가지 않았는데도 저절로 이런 기회가 주어진 것이다. 이것은 혹시 하늘이 나에게 좀 더 내면을 들여다보며 성찰하라는 메시지가 아닐까, 아니면 어디론가 훌쩍 홀로 떠나고 싶은 나의 마음을 들여다보신 걸까?

소로의 소박한 오두막집과 루소의 장미꽃 정원이 생각난다.

소로는 삶의 본질을 찾아 월든의 좁은 외딴 오두막집에서 생각을 다듬고 주위 세상을 예리하게 관찰하며 지냈다. 그는 대상에 대한 호기심과 제대로 관찰할 수 있는 두 눈만 있으면 멀리 떠나지 않더라도 자기 집 안에서도 이 고장에 처음 방문한 여행자의 마음가짐으로 낯설게 바라보며 살면 된다고 하였다.

루소 역시 자연 속에서 자신만의 고독을 즐겼다.

그가 말년에 쓴 《고독한 산책자의 몽상》이라는 책에서 "나는 홀로 있을 때만 나 자신의 주인이 된다. 그렇지 않을 때에는 나를 둘러싼 모든 이들의 장난감일 뿐이다"라고 하지 않았던가?

갖은 상념들이 고개를 들고 얼굴을 내민다.

어쨌든 지금의 나는 자율이든 타율이든, 추사의 제주도 위리안치(圍籬安置)와 유사한 상태인 것만은 분명하다. 산책하거나 보고 싶은 친구를 만날 수도 없는 상황이기 때문이다. 하지만 지금 나에게 오롯이 주어진 이 시간을 축복의 시간으로 바꾸고 싶다. 추사처럼 세한도(歲寒圖) 같은 멋진 작품은 아니더라도 그럴싸한 글 한 편 남길 수만 있다면 더 바랄 나위가 없을 듯하다.

간밤의 진한 어두움의 고통이 있어야 아침의 밝음을 제대로 느낄 수 있다고 했던가? 나에게 코로나의 고통은 빈손으로 오지 않았다. 뜻밖의 선물꾸러미를 챙겨왔다. 코로나는 나에게 일종의 축복이었다.

평소 당연하듯 느껴지던 일상의 산책이 소중한 선물이었고, 친구와 마음을 이어주는 진솔한 대화의 시간이 돈으로 매길 수 없는 값진 축복이었음을 이제야 비로소 깨닫게 되었다.

또한 이전에는 스마트폰을 보며 허겁지겁 먹던 한 술의 밥도 자연과 주위 사람의 노고를 음미하며 맛볼 수 있게 되었다. 그리고 곁에서 묵묵히 남편 수발을 드는 아내의 분주한 손길에서도 감사의 마음이 새록새록 느껴졌다.

한편 이전에는 바깥세상을 잔뜩 긴장하여 경계의 눈으로 보던 시선이, 고통 앞에서 다 같이 힘들어하는 사람들을 보면서 사랑과 연민의 숨결을 느끼게 되었다.

바깥보다는 내면을 보는 성찰의 시간이 많아짐에 따라, 에고는 점점 사그라들고 두려움은 한쪽으로 밀려난다. 그 틈새의 공간은 신의 무한한 사랑으로 차곡차곡 채워졌다. 어떤 삶을 살든, 어떤 상황에서든 신은 나를 버리지 않고 항상 지켜주고 있다는 걸, 나의 정화된 영혼은 감지할 수 있었다.

이 친구 덕분에 세상은 감사한 것으로 넘쳐나며, 개개의 사람들은 소중하고 존중받을만하며 부족한 나를 비로소 진정으로 사랑할 수 있게 되었다.

이 친구 덕분에 세상을 보는 안목이 한층 성숙해졌으니, 어찌 이 친구를 밉게만 볼 수 있겠는가.

조용히 물러갈 때까지 사이좋게 지내다가 보내주면 될 터이다.

아마도 이 친구와 이별할 때는 아쉬워할 것만 같다.

2장

자연에서 안식을 얻고

제주 열흘 여행기(2021.9.23.~10.2.)

1일 차(9.23. 서귀포 자연휴양림 야영지)

제주에서의 첫날 밤, 자다가 새벽에 깨어 화장실에 갔다.

새벽 공기가 꽤 쌀쌀하게 느껴졌지만 신선하였다. 가슴속 깊이 심호흡을 하며 켜켜이 쌓여있던 탁한 공기를 바깥으로 내뿜었다. 하늘에는 휘영청 밝은 달이 어둠을 훤히 밝혀주고 있었다. 사위는 풀벌레 소리만 들릴 뿐 고요하기만 하다.

주위를 돌아보니 키 큰 편백나무들이 줄지어서 나를 굽어본다. 지금 이 고요한 밤에 나이가 나보다도 훨씬 많아 보이는 이 친구들과 혼자 오롯이 한 공간에 같이 있다고 생각하니, 마치 마하리쉬 성자가 곁에 있는 것처럼 가슴이 벅차오른다.

문득 어느 영성가가 '나무들이 인간보다 영적으로 한 수 위'라고 한 말이 생각났다. 나 역시 평소에 숲에 갈 때마다 당당하고 늠름한 이 거장들은 무슨 생각을 하며 살아가는지 의문과 부러움이 섞인 눈으로 바라보곤 했었다.

가만히 눈을 감고 그들의 숨결을 숨죽이며 느껴본다.

자신만의 삶을 여여(如如)하게 살아가는 당당함과 여유는 어디서 흘러나오는 것일까? 어떻게 배울 수 있을까? 막막함을 느끼고 있을 때였다.

냉랭하게 느껴지던 주변의 공기가 점차 따스하게 느껴지더니 어떤 큰 힘이 나의 몸을 살그머니 감싸 안는 듯하다. 나의 지지부진하던 영성 수업에 용기를 북돋우려는 듯 나직이 속삭인다.

"잘하고 있으니 조바심 내지 않아도 돼요."

이 거장의 말 한마디에 순간 마음이 편안해지고 나의 영혼의 키가 훌쩍 커버린 듯했다. 신기했다.

이 평온한 느낌은 웬일일까.

나의 삶에서 오랫동안 기억될 소중한 시간이었다.

하늘엔 빛나는 새벽 별들과 밝은 달이, 나와 거장의 교감을 조용히 지켜보고 있었다.

2일 차(9.24. 서귀포 자연휴양림 야영지)

아침 6시쯤이나 되었을까, 까마귀 한 마리가 우리가 자는 텐트 위에서 까악~ 까악~ 울며 아침잠을 깨운다. 동이 텄으니 이제 일어나라고 극성이다.

아~ 자연의 소리다!

일부러 맞춰놓은 스마트폰 알람 소리가 아닌, 아주 오랜 옛날부터 우리 조상들이 함께 아침을 맞았던 그 자연의 소리다. 쏟아지는 아침 햇살의 숨결과 지저귀는 새들의 노래, 그리고 하루를 준비하는 벌레들의 부산한 바스락 소리!

때 묻지 않은 자연의 원음(圓音)이다!

집에서 무심하게 마주했던 평범한 일상의 아침 시간과 달리, 지금 여기에서 신비로운 자연의 원음과 함께하는, 지순(至純)한 아침의 시간이 더없이 소중하고 신성하게 느껴진다.

아침을 간단히 해 먹고 작은 아이가 운전하는 렌터카에 나와 아내가 동승하여 한라산 중턱 영실(靈室)로 향한다. 1,100로(路)를 따라 굽이굽이 올라가고 있던 참이었다. 문득 창밖을 보니 멀찌감치 도로변에 까마귀 한 마리가 고개를 갸웃거리며 혼자만의 여유 있는 시간을 보내고 있었다.

제주도에서 유난히 자주 눈에 뜨이는 이 까마귀는 특유한 음색을 가진 영리한 새다. 그런데 차가 가까이 다가가도록 날아가지 않는다. 차 속도를 대폭 줄여서 조심스럽게 옆을 지나가지 않으면 안 되었다.

"웬일이지? 겁도 없이!" 내가 한마디 내뱉었다.

"여기는 저들이 주인이라고 우리가 알아서 피해 가라는 거 같아요." 옆에 타고 있던 아내가 미소를 띠며 한마디 한다.

이 말을 듣는 순간, 차 안의 이 무례한 인간은 의문이 빵 뚫려버렸다.

그렇다! 이 땅은 그들이 언제부터 지켜온 보금자리였던가!

대대로 살아온 이 땅의 주인은 바로 저 친구들이었다.

최근 학술연구에 의하면 까마귀는 체구 대비 뇌의 상대적 크기로 볼 때 다른 조류들보다 영장류에 더 가깝다고 한다. 조류 중 최상위권 지능을 가지고 있으며 까마귀는 태곳적부터 인간의 정착지 근처에서 살아왔고 북유럽이나 그리스, 로마 신화에도 등장한다. 사람이 살기 훨씬 전부터 이 땅을 터전으로 살아왔다. 그러니 우리 인간은 구경하러 온 객으로서 조용히 이 땅의 아름다움을 만끽하고 갈 뿐이다.

조용한 이 땅에 쇳덩어리로 무장한 장비로 요란한 소음과 함께 잠시 소란을 피웠다고 생각하니 살짝 미안함까지 든다. 이 성스러운 땅은 지금 이 까마귀뿐 아니라 조용히 바라보고 있는 저 푸나무들과 곤충 그리고 눈에 보이지도 않는 조그만 벌레들에 이르기까지 이들이 오랫동안 몸담아 지켜온 땅이기 때문이다.

문득 얼마 전 책에서 읽었던 지렁이에 관한 글이 생각나 덧붙인다.

환경단체 '풀꽃세상'에서 2001년 일곱 번째 풀꽃상을 지렁이한테 수여했는데, 상을 수여한 단체의 수상 이유가 나의 뜨거운 공감과 연민을 자극했다.

> 2억만 년 전에 이 행성에 출현해 생태계 먹이사슬의 최하위를 굳건히 지키면서 땅 밑 어둠 속에서 흙을 부드럽고 기름지게 만들다가 여러 다양한 포식자들을 만족시키거나 식물의 자양분으로 살신성인하는 장엄한 최후에 대한 참을 수 없는 감동 때문이다. (중략) 이에 대해 진심 어린 사과와 뒤늦은 애정의 마음으로 우리는 지렁이에게 상을 드렸다. (이 글은 〈흙에 대한 아홉 가지 단상〉이라는 제목으로 최성각 씨가 2002년 작성한 글임)
>
> (출처: 최성각, 《나무가 있던 하늘》, 오월의 봄, 2022)

그들을 보는 눈길이 한층 부드러워진다. 그리고 나직이 속삭였다.
"조용히 감상하고 갈게요! 고마워요."

늦은 밤 편백나무숲 사이로 바람이 쏴, 한차례 큰 소리를 내며 나의 조그만 텐트를 스쳐 지나간다. 침낭 속은 바깥세상의 소리에는 아랑곳없이 따듯하고 아늑하기만 하다.

오랜만에 느껴보는 이 평온은 바람에게 감사해야 할 것 같다. 바람이 없었다면 느껴보지 못할 것을, 한바탕 바람 소리를 듣고서야 맛볼 수 있었기 때문이다.

끝이 보이지 않는 정적이 흐르며 또 하나의 밤이 흘러간다.

3일 차(9.25. 영실 탐방)

어제 갔다가 중도에서 포기하고 내려왔던 영실 탐방을 몸을 추슬러 오늘 재도전하기로 했다.

자연이 오랜 세월 간직한 신비로운 숲길을 걷노라면 세상 시름이 다 사라진다. 시원한 계곡 물소리에 귀 기울이며 한참을 올라가다 보니 눈앞에 돌연 황홀한 광경이 전개된다. 제주 특유의 지형 중 하나인 '오름들'의 모습이 파노라마처럼 펼쳐진다.

와! 장관이다.

짙고 투명한 파란 하늘과 둥둥 떠서 현란한 춤사위를 연출하는 뭉게구름의 합주에 숨이 멎을 것 같다. 영실코스를 가는 내내, 태고의 신비를 간직한, 한라산이 품은 비경이 끊임없이 펼쳐진다.

나는 어느새 하늘 정원을 노니는 신선(神仙)이 되었다.

오늘 영실코스 탐방은 과연 기대를 저버리지 않았다.

자연의 아름다움과 신비함을 만끽하게 한, 즐겁고 황홀한 체험이었다. 네 시간에 걸친 탐방을 마치고 내려와 가슴 벅찬 소중한 순간들을 회상하며 우리는 축배를 들었다.

서귀포 맛집에 가서 왕소라, 딱새우, 전복, 따개비를 넣은, 푸짐하고 얼큰한 해물전골과 시원한 막걸리를 곁들여 브라보를 외치며 우리는 제주의 매혹에 서서히 빠져들고 있었다.

4일 차(9.26. 비양도 야영)

제주도에서 오전에 일찌감치 배를 타고 우도로 들어갔다.

젊은 연인들이 둘만이 타는 예쁘고 조그마한 차나 자전거를 타고, 섬을 한 바퀴 돌며 그들만의 아름다운 추억을 만드는 모습이 영화 속의 한 장면을 보는 듯하다. 우리 부부 역시 신혼여행 때 이곳에 와서 두 손을 꼭 잡으며 일생을 함께하자고 다짐하던 기억이 새록새록 떠오른다.

섬 주위를 한 바퀴 돌고 다리로 연결된, 좋다고 말로만 들었던 비양도로 간다. 제주도에 두 개의 비양도가 있다. 하나는 협재 앞바다의 비양도요, 다른 하나는 지금 온 우도 북동쪽에 딸린 작은 섬이다.

이곳 섬 속의 섬, 비양도는 인위적인 시설이 하나도 없이, 제주의 자연을 가장 가까이 체험할 수 있는 천혜의 야영 캠핑지다. 캠퍼들 사이에서 우리나라 3대 백패킹 성지 중 한 곳으로 손꼽힌다고 한다.

비양도에 들어서니 제일 먼저 눈에 들어오는 것은 눈이 시릴 정도로 파란 바닷물 색깔과 투명한 하늘빛, 그리고 쉼 없이 불어대는 센 바람이다. 바다와 하늘이 한데 어우러져 경계가 모호하기만 하다.

먼저 캠핑 장비를 풀고 텐트를 치기 시작했다.

여기 비양도에 온 것이 네 번째인 작은아이는 강풍의 짓궂은 방해에도 불구하고 두 동의 텐트를 능숙하게 설치한다. 옆에서 감탄의 눈으로 바라볼 뿐이다. 그리고 낮에 부둣가에서 산 싱싱한 고등어로 조림을 하여 저녁을 먹고, 온 하늘을 서서히 붉게 물들이는 장엄한 일몰 광경을 감상하며 따뜻한 커피 한 잔을 즐기는 호강을 누린다.

날이 어두워져 텐트 안으로 들어오니 쉴 새 없이 불어오는 바람으로 텐트 지붕 펄럭이는 소리가 천둥을 치는 듯하다. 그뿐인가. 쉬지 않고 밀려오는 파도 소리는 또 얼마나 컸던지 귀가 멍해질 정도다. 그러나 이 와중에도 우리는 마냥 새로운 체험이 즐겁기만 하다.

적포도주가 담긴 예쁜 와인 잔을 부딪치며 브라보를 외치고 낮에 봤던 풍광들을 안주로 끝없는 대화를 나누며 캠핑 분위기에 흠뻑 젖어든다.

밤이 깊어 끝없이 이어지는 대화의 아쉬움을 뒤로하고 잠자리에 들었다.

쉴 새 없이 밀려오는 파도 소리와 천지를 뒤흔드는 바람 소리로 잠을 쉬이 이룰 수가 없었다. 이런 바닷가에서의 야영은 태어나 처음 경험해보는 것이기 때문에 당연한 듯싶었다.

하지만 이런 소란함에도 불구하고 침낭 속의 나의 몸은 아늑하고 포근하기만 하다. 텐트 안과 바깥은 극락과 지옥을 연상케 한다. 문득 세파 속에서도 흔들림 없이 보리수 아래서 명상하는 붓다의 모습이 떠오른다. 붓다의 평정한 마음은 바로 침낭 속의 나의 몸과 같은 상태가 아닐까?

일체유심조(一切唯心造)!

모든 것은 내 마음이 만들 뿐, 나에게 던져진 어떠한 상황도 나의 자유로운 영혼을 구속하지 못한다.

문득 낮에 서귀포 이왈종 미술관에서 본 그의 그림이 생각났다.

그의 작품들 〈제주 생활의 중도(中道)〉에 쓰인 **"그럴 수 있다. 그것이 인생이다"**라는 인상 깊은 글에서 받았던 자유로운 영혼의 숨결 이미지와 겹친다.

나랑 놀자고 계속 칭얼대는 바람과 파도 소리에 나는 마침내 손을 들었다. 잠을 포기하고 침낭을 박차고 일어나 노트와 펜을 잡는다. 한참 글을 쓰다가 다시 잠을 청해본다. 바깥소리에 전혀 잠을 이룰 수 없을 것 같은 상황 속에서도 서서히 꿈나라로 빠져들어가는 나를 본다. 신기하다.

궁(窮)하면 통(通)한다고 했던가. 견디다 보면 탈출구가 보이는 법이다. 때가 되니 적응하게 되었다. 세상에 변치 않는 영원한 것은 없는 거구나!

5일 차(9.27. 비자림 탐방, 김녕해수욕장)

우도에서 배를 타고 다시 제주도로 돌아와, 오늘 밤 캠핑지인 김녕해수욕장으로 가다가 비자림을 들렀다. 이곳은 수령이 무려 500년에서 800년에 이르는 비자나무 2,800여 그루가 있는 천년의 숲이다. 붉은 화산토를 밟고 은은한 비자향을 음미하며 장엄한 그들의 세계 속으로 걸어 들어간다.

숲속으로 갈수록 어마어마한 크기의, 수백 년의 세월을 살아온 고목들의 위엄과 경이로움에 입이 벌어진다. 아내와 내가 두 팔을 벌려 맞잡고 줄기 둘레를 끌어안으려고 해도 쏙 들어오지 않는다. 그들 앞에서는 옷깃을 여미지 않을 수 없게 된다.

이 거목들이 한곳에 모여 숲을 이룬 성스러운 이곳에서 성숙한 영혼들의 숨결을 음미하고, 연리목(連理木)을 보며 사랑의 고결함을 느껴본다. 동시대를 살아가는 인간으로서 조용히 눈을 감고 그들의 지혜의 메시지에 귀 기울인다.

비자림의 신비와 경이로움을 뒤로하고 김녕해수욕장으로 향했다.

해수욕장에 들어서자 말로만 듣던 명성대로, 파란 에메랄드빛 바다 색깔이 햇빛과 어우러져 눈이 부실 정도로 곱고 아름답다. 이 광경을 배경으로 작품 사진을 찍기 위해 곳곳에 면사포를 쓴 신혼부부들이 포즈를 취하느라 분주하다. 평일의 고즈넉한 분위기가 더욱 해수욕장의 품위와 아름다움을 더한다.

야영지에 텐트를 치고 저녁을 준비하는 손길이 가볍다. 부드럽고 쫄깃쫄깃한 육실의 세주 흑돼지 목실과 함께 한 잔의 포도주가 있는 저녁은 세상 어떤 요리와 견주어도 부럽지 않다.

행복하다!

아내의 얼굴에서 이렇게 행복한 표정은 결혼 후 처음 보는 듯하다.

나 역시 태어나 처음 경험해보는 이 벅찬 체험의 순간들!

느지막하게 맛보는 이 짜릿하고 감동적인 시간이 소중하고 감사할 뿐이다. 지금까지의 삶을 되돌아보게 하고 앞으로의 삶에 하나의 큰 전환점이 될 것 같은 느낌에 가슴이 설렌다.

기존 선입견으로 무장된, 단단한 바위의 틈새가 벌어지고 갈라지자 세상을 보고 이해하는 시야의 폭이 한층 넓어진 듯하다.

6일 차(9.28. 물영아리, 사려니숲 탐방)

물영아리 입구를 지나 안으로 들어가다 보니, 시원하게 펼쳐진 초록 풀밭 위에서 평화롭게 먹이를 즐기는 소들이 보인다. 보기만 해도 마음이 편안해진다. 이런 평온함과 여유로움을 언제 느껴봤던가, 생각이 얼른 안 떠오른다.

들판을 따라 지나오자 오름으로 가는 좁은 계단이 끝없이 펼쳐진다. 무려 천 개가 넘는다는 계단을 쉬엄쉬엄, 엉금엉금, 기어가듯 올라가자 뒤엉킨 나무 사이로 능선 위의 환한 빛이 언뜻 보이기 시작한다. 발걸음은 다시 가벼워지고 힘이 솟는다.

드디어 국내 최초로 습지보호지역 1호로 지정되어 람사르 습지로 등록된 곳으로 들어섰다. 다른 세상에 와있는 듯한 착각마저 든다. 태고의 적막과 함께 야릇한 신비감까지 느껴진다.

시간의 흐름이 정지된 영원한 찰나의 순간은 지금을 두고 한 말이 아닐까? 혼자 왔더라면 그 자리에 털썩 주저앉아 반 시간 정도는 가부좌를 틀고 명상이라도 했을 텐데 아쉬웠다. 다음에 다시 제주에

오게 된다면 오늘의 아쉬움을 풀기로 작정하고 발길을 돌린다.

내려오는 길은 좀 완만한 계단이 계속되다가 아름다운 오솔길이 한동안 이어진다. 삼나무, 편백나무, 비자나무로 가득 찬 숲길을 걷는 시간은 에너지가 충만한, 힐링의 시간이다. 좀 전에 천 개의 계단을 오르며 바닥났던 체력이 숲길을 걷다 보니 어느새 가득 충전되었다. 보기만 해도 정겨운 오솔길 사진은 앞으로 나올 책의 챕터 표지 사진으로 쓰고 싶은 생각이 들었다.

자연은 이렇게 우리 인간에게 맑은 공기와 에너지를 끊임없이 제공해주는 엄마와 같은 존재임을 새삼 깨닫게 된다. 자연은 이 아름다운 행성인 지구의 영원한 주인이다. 인간은 주인의 은혜에 감사하며 맘껏 즐기다 갈 뿐이다.

물영아리를 떠나 또 하나의 아름다운 숲길을 찾아간다.

거대한 삼나무숲으로 이루어진 사려니숲이다.

입구에는 양옆으로 산수국이 촘촘히 늘어서있고 안쪽으로 나무데크로 연결된 탐방로가 줄지어 이어져있다. 안쪽으로 들어서니 전날 비를 흠뻑 맞아서인지 삼나무를 비롯해 편백나무, 서어나무, 졸참나무, 때죽나무 등 다양한 수종들이 어우러져 뿜어져 나오는 향기가 진하고 청량하다. 향기에 온몸을 내맡기고 심호흡을 하며 천천히 걷는다. 당장이라도 입고 있던 옷을 훌훌 벗어 던져버리고 맨몸으로 이 내음에 샤워하고 싶은 충동을 느낀다. 자연의 품속에서 오랫동안 언제까지나.

큰 나무들 사이의 작은 관목들도 저마다 소박한 아름다움을 드러내고, 연한 초록빛의 연약한 담쟁이넝쿨은 삼나무 줄기를 타고 몸을 비비며 올라가고 있었다. 저마다 생긴 대로, 본성에 따라 당당하게 살아가는 모습들이 정겹다. 자연의 조화로움은 보기만 해도 마음이 평온해진다.

7일 차(9.29. 제주시 동문 전통 야시장)

저녁에 제주시로 들어와 동문에 있는 야시장을 찾았다.

평일인데도 이미 많은 사람으로 붐볐다. 생불 쇼를 벌이며 요리를 하는 곳엔 구경꾼이 들끓고 몇몇 횟집이나 맛있어 보이는 요리를 선보이는 매장엔 긴 줄을 서서 차례를 기다리는 모습도 보인다. 이런 정겨운 전통 시장의 모습을 본 게 얼마 만인가?

그중에서 제일 인상 깊었던 곳은 단 한 평도 안 될 듯한 골목 횟집 앞에서 차례를 기다리는 사람으로 장사진을 이룬 진풍경이었다. 주인아저씨 혼자서 열심히 회를 치고 있었지만 맨 뒤에서 줄 서서 기다리는 사람은 아마 한 시간은 지나야 차례가 올 듯했다. 하지만 사람들의 얼굴에선 전혀 짜증이 읽히지 않았다. 신기했다.

얼마나 맛보고 싶으면 이런 상황에서도 즐거운 표정을 하고 있을까? 아마 이 집은 뭔가 사람들을 끄는 비결이 있는 게 틀림없다고 생각했다. 나중에 알고 보니 진호도 유튜브에서 이 횟집에 대한 여러 사람의 칭찬 글을 읽었다고 했다. 인터넷의 위력을 새삼 느꼈다. 사람들이 이 횟집에 대하여 유튜브에 올린 칭찬 글 중 하나를 소개해본다.

어느 이용객이 늦은 시각에 이 횟집에 와서 고등어회를 주문했는데, 주인이 고등어를 꼼꼼하게 정성을 들여 회를 치는 모습에서 장인의 면모를 읽었다고 했다. 게다가 고등어회는 하루를 넘기지 말아야 한다면서 남아있는 고등어회를 덤으로 주는 아저씨의 후한 인심과 양심에 감동하였다는 내용이었다.

그렇다! 기적은 이렇게 조그만 것에서부터 비롯하는 것이다. 분에 넘치는 욕심을 부리지 않고 남의 이목에 상관없이, 지나친 바람이나 애씀도 없이, 자신에게 주어진 일을 즐겁게 할 뿐이다.

이게 바로 성공의 비결이었다.

이것은 또한 나를 사랑하고 타자를 사랑하는 비결이 아닐까.

8일 차(9.30. 교래 자연휴양림 야영)

아침을 동문시장으로 가서, 먹고 싶었넌 세주 특산 요리-전복 해물전골, 회덮밥, 성게미역국-를 맛있게 먹고 오늘 숙박지인 교래 자연휴양림 야영장으로 향했다.

가는 도중 절물 자연휴양림을 들렀다.

한 시간 남짓 울창한 숲 사이를 거닐며 피톤치드를 맘껏 들이마신다. 산책하는 도중 새끼노루 한 마리가 우리 일행을 반겨준다. 자신의 사진을 마음 놓고 찍어가라는 듯 한참을 우리 곁에서 놀다 간다.

동물과 인간이 한데 어울려 공존하는 이곳 제주의 자연환경에 감사할 뿐이다. 제주는 사방 어디를 가든지 조금만 가면 울창한 숲과 아름다운 바다를 접하게 되는, 복 받은 섬이다. 이런 제주를 어찌 사랑하지 않겠는가.

이어서 그곳에서 얼마 안 떨어진 사려니숲길을 다시 한번 보고 싶었다.

며칠 전 가지 못했던 그곳 호젓한 월든 숲길을 걷는다. 마치 월든 호숫가 숲속에 집을 짓고 살았던 소로(H.D.Thoreau)가 뒷짐을 지고 숲 동식물과 교감하며 행복한 표정으로 거닐었던 것처럼, 나 역시 그런 분위기로 걸어본다. 가다가 예쁜 꽃이 보이면 가까이 가서 들여다보고, 향기를 맡아보기도 하고, 새들의 노래에도 귀를 기울이는, 나는 이렇게 소로의 분신이 되었다. 몸은 살짝 피곤했지만, 정신은 어느 때보다 쇄락(灑落)하고 명징(明澄)하다.

숙소인 교래 자연휴양림 야영장에 도착하니 일기예보에 없던 비가 부슬부슬 내린다. 비를 살짝 맞으며 타프(천막)를 치고 텐트 두 동을 재빨리 설치하여 우리의 따뜻한 보금자리를 마련한다. 주위 초목들과 야영장 앞에 넓게 펼쳐진 푸른 잔디는 비를 만나 더없이 생기발랄하다. 잔디밭 주위를 감싸고 있는 관목들 위로 운무가 걸쳐있는 모습에 이 세상이 아닌 천상의 신비가 느껴진다. 문득 중국 시인 도연명이 읊었던, 인간세와 다른 무릉도원의 한 장면이 연상되었다.

저녁을 간단히 먹고 우리는 랜턴으로 주위를 밝히며 산책을 하였다.

고요한 적막을 헤치며 돌아오는 길 가운데에서 쉬고 있는 청개구리와 예쁜 달팽이가 너무 귀여워 사진을 여러 장 찍었다.

진호는 혹시나 지나가는 사람에게 밟힐까 봐, 달팽이를 손으로 집어서 안전하게 옆 풀숲으로 옮겨준다. 보기만 해도 아이의 따듯한 마음이 전해진다. 평소 자주 대화를 나누지 못하여 내면을 깊이 들여다보지 못했는데, 이번 여행길에서 아이와 자주 대화를 나누며 아이의 몰랐던 면을 보게 되었다. 곤충과 야생동물에 대하여 관심이 많고 생명에 대한 존중과 배려심, 그리고 자연에 대한 감수성도 남다른 것 같다.

야영지에서의 밤은 일찍 찾아온다.

전기도 없다 보니 저녁을 하고 책을 좀 보다가 일찍 잠자리에 들었다. 이른 새벽 눈이 떠져 화장실에 가려고 주섬주섬 옷을 걸치고 있으니 아내도 덩달아 잠에서 깼다. 우리는 같이 텐트 바깥으로 나왔다.

아! 그런데 이게 웬일인가?

간밤에 비가 그친 하늘에는 수많은 별이 촘촘하게 어우러져 황홀한 천체 쇼를 연출하고 있는 게 아닌가. 이 많은 별이 어디에 갔다 한꺼번에 나타난 것인가. 밝으면 밝은 대로, 어두우면 어두운 대로 저마다 본래 모습 그대로 빛을 발하고 있었다. 우리는 데크 위 의자에 앉아 한참 동안 이 황홀한 우주 쇼를 감상하느라 목이 뻐근한 줄도 잊은 채, 하늘을 올려다보지 않을 수 없었다. 밤에도 대낮처럼 밝은 도심에서는 도저히 볼 수 없는, 일생일대의 광경이었다.

그렇다!

인류가 전기를 발명하면서부터 전기는 인류문명을 밝혀왔지만, 인간은 문명의 안락함의 타성에 젖어 자연의 본래 모습을 조금씩 잃어가고 있다.

이제라도 자연 그대로의, 본래 모습을 보기 위해서는 우리가 누려온 편의를 일부 희생하여 덜 먹고, 덜 소비하고, 더 걷고, 더 자주 내면을 들여다보며 성찰하는 시간을 갖지 않으면 안 될 듯하다.

9일 차(10.1. 교래 자연휴양림 곶자왈 탐방)

오늘은 곶자왈 지대에 조성된 교래 자연휴양림을 탐방하는 날이다.

제주에는 곶자왈 지대가 한라산을 기준으로 네 군데 있다고 한다.

곶자왈은 화산의 용암 분출로 인한 요철 지형이, 이후 오랜 세월을 걸쳐 자연적으로 형성된 특이한 지형이다. 난대수종과 온대수종이 공존하는 독특한 식생과 다양한 식물상을 갖고 있으며 서식 식물종이 다양해 원시림 식생의 특징을 간직하고 있는 곳이다. 과거에는 경작이 불가능하여 개발로부터 격리되어 버려진 땅으로 여겨졌지만, 현재는 자연생태계가 잘 보존되어 환경적 가치가 더욱 중요시되고 있다고 한다.

며칠 전에 봤던 제주 곶자왈도립공원과는 또 다른 색깔을 띠고 있었다.

천천히 타임머신을 타고 수만 년 전의 원시인으로 돌아가 지금과는 목적과 복장만 다를 뿐, 동일한 지구의 한 생명체로서 걸어본다.

주위 환경은 지금과 판이하게 다르다. 양치류의 세계라고 할 정도로 그들만의 세상이다. 양치류의 세계가 궁금하여 인터넷을 검색해보니 세계에 약 9,000종이 있고 한국에는 224종이 있는데 고생대의 고대 양치류는 지금의 것과 유사하다고 한다.

문득 양치류를 사랑했던, 세계적인 뇌신경학자이자 작가인 올리버 색스가 생각났다. 그의 따뜻한 인간애와 투명한 지성, 순수한 호기심에 반하여 나는 한동안 그의 광팬이 되었던 적이 있었다. 그는 어렸을 때부터 양치류에 매혹되었는데 성인이 되어 평일에는 신경과 의사로서, 주말에는 미국 양치류협회 동료들과 아마추어 동호인 활동을 하였다.

양치류의 어떤 점이 그를 '양치류 마니아'로 만들었을까? 궁금했다.

책에서 그는 양치류 사랑을 이렇게 이야기하였다.

> 그들은 지구의 모든 멸종사건과 그 밖의 흥망성쇠를 이기고 살아남았다. 선사시대라는 세계에 대한 감각, 엄청나게 먼 과거까지 이

어지는 시간 감각을 가장 먼저 자극한 것이 바로 양치류와 양치류 화석이었다.

아마도 그는 고생대부터 생존해온 양치류의 경이로운 생명력과 원시성에 무한한 경외심과 신비감을 가지고 양치류의 매력에 빠졌던 것 같다.

올리브 색스가 사랑했다는 양치류를 다시 한번 들여다본다.

그들은 지구 역사상 가장 강인하고 오래된 고등식물이다. 3억 5천만 년 전, 뭍으로 올라온 최초의 용감한 식물이 진화한 후손이다. 한때 이들은 번식해 지구를 뒤덮었고 아마 앞으로도 인간보다 훨씬 더 오래 살아남을 것이다.

10일 차(10.2. 여행을 되돌아보다)

오늘은 제주도 여행의 마지막 날이다.

지난 열흘이 훌쩍 지나가버려 아쉬웠지만, 다른 어떤 여행에서보다 많은 것을 보고 느끼고 체험해본 여행이었다.

무엇보다도 이번 여행은 진호에게 많은 빚을 졌다.

짧지 않은 여행길에 여행 계획에서부터 예약, 가이드는 물론 차 운전, 텐트 설치까지 거의 모든 것을 혼자 감당했다. 게다가 아빠, 엄마의 비위를 맞추며 배려하고 생각하는 마음이 가상하고 기특하기만 하다.

특히 운전할 때나 식사 준비를 할 때 엄마의 잔소리와 아빠의 굼뜬 행동에 가끔 투정을 부리기도 했지만, 저녁 식사 때 와인 잔을 부딪치며 내지른 화이팅! 한마디에 눈 녹듯 풀어졌다.

이번 여행에서 경험한 몇 가지의 의미를 돌아본다.

먼저, 세상을 보는 관점의 변화를 들 수 있을 것이다.

예순이 넘도록 꽉 쥐고 놓치면 안 될 것 같은 생각과 신념들에 균열이 생겨 조금씩 부서지며 그 자리에는 새로운 신념들로 채워지고 있었다.

나와 다른 다양한 삶의 방식을 좀 더 이해하고 관용을 베풀 수 있게 되었고, 세대 간 사고의 차이가 좁혀져 젊은이를 좀 더 열린 마음으로 보게 되었다. 또한 '반드시'라는 말보다는 '그래도 된다'는 말을 거부감 없이 자연스럽게 할 수 있는, 여유 있는 마음이 움트고 있었다.

문득 여행 중 곶자왈에서 본 숨골이 생각난다.

거대한 뜨거운 용암이 할퀴고 남긴 그 자리에 생겨난 신비로운 생명의 틈바구니! 겉에서 보면 아주 조그마한 구멍에 지나지 않지만, 이 숨골로 인해 일 년 사계절 같은 온도를 유지하며 여름에 시원한 냉기를, 겨울엔 따뜻한 온기를 내뿜어서 모든 생명이 삶의 꽃을 활짝 피우도록 하지 않는가?

나 역시 변변치 않은 존재지만 주위 생명에게 열린 마음과 따뜻한 관용으로 대함으로써 여름에 시원한 냉기를, 겨울엔 따뜻한 온기를 불어넣는 숨골 같은 존재가 되고 싶다. 이러한 각성이야말로 여행이 우리에게 주는 참 의미가 아닐까.

"진정한 여행이란 새로운 풍경을 보는 것이 아니라 새로운 눈을 가지는 것이다"라는 마르셀 프루스트의 말이 가슴속 깊이 와닿는다.

다음으로, 자연을 직접 체험해봄으로써 자연에 대한 사랑과 외경심을 느낄 수 있었다. 집이 아닌 산이나 들의 맨땅에 몸을 눕히고 숲을 거닐면서 자연을 맛보고 사랑한 경험은 진정 나의 삶이 존재의 본질에 더 가까워지는 변화를 가져온 듯하다.

문득 도날드 월쉬의 《신과 나눈 이야기》에서 신이 하였던 말이 떠오른다.

> 너희가 이곳에 온 것은 체험하기 위해서였고, 너희는 체험을 통해서 자신을 창조한다. 그런데도 너희는 다른 사람들의 체험으로 자신을 창조해 왔다. 만일 죄라는 게 있다면 다른 사람들의 체험을 빌려 자신을 현재의 자신으로 만드는 게 죄일 것이다.
>
> (출처: 도날드 월쉬, 《신과 나눈 이야기 1권》, 조경숙 역, 아름드리미디어, 2019)

그렇다!

내가 이 세상에 온 것은 나에게 주어진 본성으로

마음껏 체험하며 느끼고 사랑하며 살기 위해서이다.

이번 제주도 여행은 존재의 의미를 만끽하게 한,
참으로 소중하고 값진 체험이었다.

고독과 더불어

고독과 함께하는 시간은 행복하다.

두 해 전만 하더라도 고독을 맛보려면 애씀이 필요했지만, 코로나가 가까이 오고 나서부터는 굳이 애쓰지 않고도 자연스럽게 고독과 더불어 있게 되었다.

고독은 친구가 되어 같이 산책하고, 글을 쓰고, 음악의 황홀함에 빠지기도 한다. 이 친구와 있을 때면 마음이 편안하고 느긋해진다. 오늘도 친구 덕분에 아침에 글 한 편 쓰고, 오후 산책을 하며 멘토와 오붓하게 대화도 나눌 수 있었다.

오후 산책을 다녀와 도서관에서 빌려온 '한강' 작가의 《흰》을 읽었다.

책 속의 모든 것이 흰옷을 입고 있다.

도시, 달, 은하수, 목련꽃, 모래, 구름, 갈대숲, 나비, 돌과 뼈, 불빛, 심지어 침묵, 작별, 그리고 그녀까지.

작가는 이들에게 소리 없이 다가간다.

그들이 입고 있던 옷을 한 꺼풀 한 꺼풀 벗긴다. 그들 속에 웅크리고 있던 아이의 눈물을 닦아주고, 아이의 상처를 어루만져주고, 아이의 한숨 소리에 연민의 눈길을 보낸다. 때로는 보석 같은 기쁨의 순간을 살짝 맛보기도 한다. 나 역시 작가의 시적 감수성을 음미하며 공감에 젖는다.

문득 헨델의 '사라방드(Sarabande)'가 듣고 싶었다.

책 속 분위기의 배경음악으로 듣고 싶은 끌림에 유튜브를 클릭한다.

나직이 울려 퍼지는 장중하고 아름다운 멜로디에 금세 눈망울이 촉촉해진다. 한껏 슬픔이 배어있는, 가슴을 후려치는 듯한 첼로의 선율과 함께 눈앞에 한 이미지가 그려진다.

> 눈이 내린, 새소리조차 들리지 않는 고즈넉한 산사에서
> 두 손을 꼭 잡고 마주 보고 서있는 두 연인

그들에게 무슨 가슴 아린 사연이라도 있는 것일까?

슬픔과 연민 가득한 눈길을 주고받으며 바라보고만 있는 두 사람, 오랜 정적이 흐른다.

뒷산 어디선가

오래된 소나무 가지는 눈의 무게를 못 견뎌

삶을 포기하는 슬픈 소리를 낸다.

이윽고 봇물 터지듯 흘러내리는 눈물,
나는 두 손으로 얼굴을 감싸고 말았다.

문득 법정 스님의 〈설해목(雪害木)〉의 한 구절이 떠오른다.

> 모진 비바람에도 끄떡 않던 아름드리나무들이
> 꿋꿋하게 고집스럽기만 하던 그 소나무들이
> 가지 끝에 사뿐사뿐 내려 쌓인 그 가볍고 하얀 눈에
> 꺾이고 만다.

깊은 밤, 이 골짝 저 골짝에서 나무들 꺾이는 소리에 잠을 이룰 수 없다는 스님의 잔잔한 글이 더욱 애처롭게 느껴지는 건 웬일일까.

장중한 3박자의 리듬과 함께 순수한 영혼의 비통한 숭고미는 마침내 막을 내린다. 슬픔의 감정이 내 영혼 속 찌꺼기를 천천히 녹여 정화시킨다. 이 애잔한 분위기의 여운을 쉬 끝내지 않고 오래 이어 가고 싶다.

무한반복으로 언제까지나
고독과 더불어.

나만 몰랐네

타박타박 학의천 산책길을 걷는다
대한만 홀로 남겨둔
햇살 좋은 어느 날, 고독과 함께

움츠렸던 나무들
연신 기지개를 켜며
봄맞이에 분주하고

살얼음 아래 졸졸
개울물 소리가
정답기만 하다

푸드덕
청둥오리 날갯짓에
설렘이 묻어있고

재잘대는 참새들의
명랑함에
영혼이 가벼워진다

어디선가 한 가닥
포근한 바람이
얼굴을 스쳐 간다

저기 갈대숲
부드러운 몸 누임 속에
봄자락이 살짝 비치는 듯

아뿔싸
나만 몰랐구나
봄이 이미 와있음을

밤의 축복이 사라지다

늦은 저녁을 먹고 동네 산책길에 들어섰다.

쌀쌀한 날씨에 인적이 드물어 호젓하게 나만의 산책을 즐기고 있었다.

야트막한 오르막을 올라가서 작은 대나무숲을 막 지나자 영산홍 몇 그루가 눈에 들어왔다. 언제나 그 자리에서 봄마다 분홍색 꽃을 화려하게 피우던 친구다.

싸늘한 날씨에 잎새를 다 떨궈서인지 오늘은 왠지 외롭고 쓸쓸하게 보인다.

주위를 둘러보니 가까이에 나지막한 가로등 하나가 불을 대낮같이 환하게 비춰주고 있었다.

문득 이런 생각이 들었다.

'이 친구도 밤에 잠을 잘 텐데, 이렇게 밝아서 잠을 제대로 잘 수 있을까?'

의문을 가지고 산책로를 따라 발걸음을 옮기며 주위를 살펴봤다.

밤에 길을 밝히기 위해 나지막한 가로등이 약 10m 간격으로 일정하게 세워져있었고, 띄엄띄엄 키가 큰 가로등이 더욱 밝은 빛을 비추고 있었다.

더욱 궁금증이 커졌다.

'이렇게 밤새도록 불을 켜둔다면 주위에 있는 이 많은 초목은 어떻게 잠을 잘 수 있나? 매일 반복되는 일상이기에 이제는 적응이 되어 괜찮을까?'

걸음이 갑자기 빨라졌다.

집에 돌아가 인터넷의 도움을 받아 궁금증을 빨리 풀고 싶었다.

인터넷에 식물의 수면에 관한 글이 다수 올라와있었다.

그중 몇 가지를 간략히 여기 정리해본다.

식물이 잠을 잔다는 사실은 1755년 탐험가이자 물리학자인 칼 폰 린네(Carl von Linne)의 〈식물의 수면〉이라는 논문으로 최초 세상에 알려졌다. 식물이 낮에는 꽃잎을 열고 있다가 밤이 되면 닫히는 운동을 '식물의 수면운동(nyctinasty)'이라고 하는데 이 현상은 식물이 받는 빛의 파장에 따라 식물이 가지고 있는 '피토크롬'이라는 색소단백질의 작용으로 감수성이 달라지기 때문이라고 한다.

식물은 각기 다른 형태로 수면하는데 몇 가지 사례를 살펴보면, 아까시나무는 낮에 활짝 펼쳤던 잎을 밤에는 몽땅 오므리고, 클로버는 잎을 한데 모아 꽃을 에워싸며, 괭이밥은 잎맥을 따라 잎을 접고,

또 자귀나무는 마주 보는 잎을 두 장씩 포개어 잠을 잔다고 한다.

이런 글들을 읽다 보니 여태까지 자연을 벗하여 즐긴다고 여기저기 떠들었던 내가 창피했다. 바로 곁에서 매일 보는 친구가 밤에 잠을 자는지 전혀 관심이 없었다니, 나는 한심한 친구였다. 더욱 관심과 사랑을 가지고 봐야겠다.

식물이 이렇게 우리 인간과 동물처럼 밤에 잠을 잔다면, 밤에도 훤하게 켜져있는 대도시 네온사인과 가로등 옆의 나무들은 어떻게 제대로 수면할 수 있을까? 잠을 설치게 된다면 성장에 치명적이지 않을까? 의문들이 줄지어 올라온다.

다시 인터넷을 들추어본다.

역시 밤에 인위적으로 밝혀놓는 '빛 공해'로 인한 부정적인 해악 사례가 많이 떠있었다. 몇 가지 사례를 살펴본다.

빛 공해에 장시간 노출된 가로수들은 단풍이 늦어지고 이로 인해 수명이 짧아진다. 또한 가로등 옆에서 불빛을 받고 자란 벼는 이삭이 아물지 못하고 키만 웃자라거나 정화 능력이 떨어져 병들이 말라 죽기도 한다.

빛 공해로 인한 해악은 식물만이 아니었다.

새들의 경우, 한밤중에 둥지를 감싸는 눈부신 빛 때문에 알을 낳지 못하기도 하며, 밤에 이동하는 철새들은 높은 탑과 빌딩 불빛으로 길을 잃기도 한다. 또한 고향으로 돌아오는 습성이 있는 연어와 청어도 북태평양의 인공 불빛 때문에 이동하지 않는다는 연구 결과도 있다.

밤의 밝은 불빛은 사람들에게도 깊은 숙면을 방해하여 신경을 날카롭게 하고 호르몬 분비의 이상을 유발한다고도 한다.

문득 지난가을 제주도 여행길에 교래 자연휴양림에서 이른 새벽, 하늘에 뜬 별들을 보고 황홀했던 기억이 떠오른다. 그때의 장면을 다시 리뷰해본다.

칠흑같이 어두운 밤에 하늘에선 빛이 쏟아지고 있었다. 간밤에 비가 그친 하늘에는 수많은 별이 촘촘하게 어우러져 황홀한 천체 쇼를 연출하고 있었다. (중략) 밤에도 대낮처럼 밝은 도심에서는 도저히 볼 수 없는 소중한 광경이었다.

그랬다!

인간은 침묵과 소등을 외면함으로써 밤이 주는 축복을 잃어버렸다.

더 밝아진 조명과 스마트폰의 이용으로 세상은 더욱 밝아지고 가까워졌지만, 밤하늘의 아름다움, 어둠의 침묵이 던지는 신비로움, 사생활의 은밀한 즐거움, 그리고 낮 동안의 활동으로 지친 영혼의 안식을 취할 기회도 점점 사라지고 있다.

이렇게 우리의 영혼이 여유롭게 자신을 돌아보고 케어할 수 있는 소중한 밤 시간을 인터넷과 스마트폰에게 빼앗김으로써 우리는 점점 자신을 돌볼 수 없게 되었다.

'알면 알수록 더욱 사랑하게 된다'고 했던가.

평소 자기 전, 아무 생각 없이 내리고 자던 -때로는 잊어버리기도 했던- 거실 창문 블라인드를 이제부터는 더욱 신경을 써서 꼼꼼하게 챙기게 되었다.

거실 식물 친구들의 편안한 숙면을 위하여.

'겨울 나그네'를 듣는 겨울밤

옥스퍼드대학에서 역사학을 전공한 '이언 보스트리지'가 부른 '겨울 나그네'에 온종일 푹 빠져 행복한 시간을 보냈다. 이 노래는 고즈넉한 겨울밤에 혼자 가사를 음미하며 들어야 제격인 곡이다.

나는 초겨울의 쌀쌀한 날씨에 슈베르트를 따라 방랑의 길을 떠난다.

젊었을 때 걸었던 여정의 그 길을 이제 나이 들어 또다시 지팡이 하나에 의지하며 정처 없이 떠난다.

슈베르트는 봄(1827년)에 존경하던 베토벤을 떠나보내고 그해 9월에는 좋아하던 시인 빌헬름 뮐러까지 세상을 떠나자 슬픔과 애수에 젖어 '겨울 나그네'를 완성한 뒤, 그 역시 이듬해 세상을 등졌다. 나는 그의 비통한 심정과 그리움의 연민을 안고 그가 걸어간 길을 따라 한 땀 한 땀 걸어간다.

해가 지고 어스름한 저녁 늦은 시간, 한때 사랑했던 여인의 집을 뒤로하고 어둠 속에서 달빛을 벗 삼고, 짐승의 발자국을 따라 스스로 길을 찾아 떠나네. 발걸음 소리도 들리지 않게 살그머니 문을 닫고 문에 '안녕'이라고 적어놓고서. 여인은 그것을 보고 자기를 사랑했던 내 마음을 기억하게 될까? (1곡 굿 나잇)

어두운 밤, 한참을 가다 보니 성문 앞 우물곁에 보리수가 서있네. 한때 이 그늘 아래에서 여인과 꿈같은 사랑의 말을 가지에 새겼었네. 나는 눈을 감는다. 나뭇가지가 조용히 나에게 다가와 "여기서 너의 안식을 찾게나!"라고 속삭이네. 이곳에서 안식을 찾으라고 계속 속삭이네. (5곡 보리수)

눈물이 하염없이 눈을 가리고 하얀 눈 위로 떨어지네. 내 뜨거운 슬픔이 차디찬 눈을 삼켜버리네. 눈아! 너는 내 그리움을 알고 있겠지. (6곡 넘쳐흐르는 물) 모든 강이 바다를 따라가듯 모든 고통은 무덤에 이르겠지. (9곡 도깨비불) 거세게 폭풍이 칠 때도 나는 이렇게 비참하지는 않았는데, 세상은 너무나 아름답구나! (12곡 고독)

아! 저기 마을의 우편마차가 보인다. 나의 마음이 왜 이렇게 들떠 있나? 내 편지가 없다는 걸 알면서도 나의 마음은 왜 이리도 두근거리는가. (13곡 우편마차) 서리가 내려 내 머리가 하얗게 변했네. 그래서 나는 내가 노인이 되었다고 기뻐했네. 하지만 금세 녹아버려 다시 머리가 검어졌네. 아~ 다시 젊어졌나? 관에 들어갈 날이 아직도 멀었구나! (14곡 늙은이의 머리)

까마귀가 온종일 내 머리 위를 맴도네. 나를 먹이로 할 날이 멀지 않았구나. 내가 무덤에 갈 날이. (15곡 까마귀) 나는 잎새 하나를 바라보고 희망을 걸어보네. 결국 잎새는 땅에 떨어지고 나도 땅 위에 쓰러지고 나는 내 희망의 무덤 앞에서 흐느끼네. (16곡 마지막 희망)

마을 어귀로 접어드니 개들이 짖어 나를 쉬지 못하게 하네. 사람들은 단잠을 자며 꿈을 꾸고 피로를 풀고 희망하지만, 나는 더 이상 꿀 꿈도 없으니. (17곡 마을에서)

휴식 없이 방황하다 보니 마을로 향하는 이정표가 보이네. 나는 정말 큰 잘못을 한 것도 없는데, 피해 다닐 필요가 없는데, 왜 이 험한 바위 위를 방황하고 있는가. 오직 하나의 이정표만이 굳건히 있네. 다시는 돌아오지 못하는 길이네. 내가 가야 할 길은. (20곡 이정표)

나 무덤가에 다다랐네. 막연히 나의 길을 걷다 보니 이곳에서 하룻밤 묵어가야겠다고 생각했네. 하지만 여인숙은 이미 손님으로 가득 차있어서 묵을 방이 없다네. 나는 피곤하고 지치고 다쳤는데. 정말로 묵을 방이 없나요? 매정한 여인숙이여, 정녕 나를 외면하는가? 그렇다면 가던 길을 계속 가는 수밖에 없지. 충직한 지팡이를 짚고! (21곡 여관)

세상사 다 그런 거지. 노래하며 웃으며 넘기면 그뿐이 아니겠는가?

불평은 겁쟁이나 하는 것이라고. 신나게 세상 속으로! 바람과 거친 날씨를 헤치고! 세상에 신이 없다면 내가 신이지! (22곡 용기)

마을 저편에 악사가 서있네. 얼어붙은 손가락으로 최선을 다해 연주하네. 맨발로 얼음 바닥 위에서 비틀거리며 연주를 하네. 그의 작은 접시는 텅텅 비어있고 아무도 그를 거들떠보지도, 그의 연주를 들어보려고 하지도 않네.

개들만 어르렁대며 노인의 주변을 맴도네. 그는 모든 걸 있는 그대로, 그저 내버려두네. 멈추지 않고 연주를 하네. 기이한 노인이여!

나 그대와 함께 갈까? 나의 노랫소리에 맞춰 악기를 연주해주겠소? (24곡 거리의 악사)

방랑의 고단한 여정은 여기서 막을 내렸지만 이언 보스트리지의 너무나 차갑고 슬픈 음색과 분위기에 나의 몸은 얼어붙어 숨도 제대로 쉴 수 없었다. 삶의 냉혹한 현실이 나그네를 이렇게 극단에까지 몰아붙일 수 있나? 삶이 이렇게 고통스러운 것이었나?

슈베르트가 썼다는 〈나의 꿈〉이라는 글을 읽게 되었다. 노래 속에서의 나그네의 슬픔이 고스란히 느껴지는 글이었다. 이렇게 적혀있었다.

나를 멸시한 사람들에 대한 끝없는 사랑을 마음속에 품고… 먼 길을 돌아다녔다. 여러 해 동안 노래를 불렀다. 내가 사랑을 노래하려고 할 때마다 사랑은 고통이 되었고 고통을 노래하려고 하면 고통은 사랑이 되었다.

(출처: 이언 보스트리지, 《슈베르트의 겨울 나그네》, 장호연 역, 바다출판사, 2016)

슈베르트의 구슬픈 두 눈망울 속에서 따스한 연민의 기운을 느끼고 싶었다.

유튜브에서 그의 '세레나데'와 '아르페지오네 소나타'를 듣는다. 피아노와 첼로가 서로 주고받는 포근하고 따사로운 음색이 가슴에 촉촉이 스며들어 얼어붙은 몸과 마음을 서서히 녹여준다.

이 희열의 순간을 좀 더 이어가고 싶었다.

그의 피아노 트리오 야상곡(Notturno D.897, 일명: 아다지오)에 귀를 기울인다.

밤하늘의 별들도 일제히 그의 음악을 즐기기 위해 귀를 쫑긋하며 다가온다. 역시 슈베르트의 진수는 슬픔 속에서 영롱한 기쁨과 따듯한 연민을 음미하는 데 있다.

음악의 신비한 힘이 바로 이런 것이구나!

그래서 독일 통일을 완수한 비스마르크는 "독일의 통일은 독일의 예술, 독일의 과학, 그리고 독일의 음악이 없었다면 이루어질 수 없었다"라고 말한 것일까.

이렇게 겨울밤은 슈베르트와 함께
서서히 익어가고 있었다.

설렘

떠오르는 저 태양은
어제와 다른 새로운 환희
새벽 화초의 잎새들은
또 다른 싱그러움으로 다가온다

책 속의 인물은
과거 봤던 인물과 다르고
저녁 산책길에 만난 푸들의 팔랑이는 귀는
아침과는 다르다

아름다웠던 것은
또 다른 아름다움으로
낮의 열정은
밤의 보살핌으로

나 자신마저
지금, 여기
또 다른 나로 태어난다

오늘 밤에는
어떤 별이
나를 반길까

설렌다

생명을 보는 시선

책 속의 시인과 정원에서 놀다 보니 하루가 훌쩍 지나갔다.

그들의 정원에서 눈빛을 주고받고 교감하는 시간이 너무나 행복했다. 생명의 신비를 보는 눈부신 통찰의 시선이 시 한 편, 한 편에 녹아있었다.

> 그들은 자신의 상황에 대해 투덜대거나 끙끙 앓지 않는다.
> 그들은 자신의 죄 때문에 밤에 잠 못 이루며 울지 않으며 (……)
> 어느 하나 만족하지 않거나 소유욕에 정신 팔지도 않고 (……)
> 어느 하나 점잔을 빼거나 원한을 품는 일이 없다.

위 시는 월트 휘트먼의 〈나 자신의 노래(Song of Myself)〉 중 32번째 시의 일부분이다.

우주에 존재하는 모든 생명에 대한 존중과 신뢰를 느낄 수 있는 그의 시를 대할 때면 언제나 경건해지고 옷깃을 여미게 된다.

위의 시에서 '그들'은 동물을 가리키는 것 같다.

그는 지나가다 선 채로 이들을 사랑스러운 눈으로 오랫동안 바라본다. 뭇 인간들의 불평하는 말투, 좌절된 욕망으로 인한 슬픔과 고뇌, 원망의 소리는 그의 한쪽 귀를 스쳐 지나가도록 내버려두고서.

그는 환경에 순응하고 서로를 아끼며 타자가 주는 사랑과 희생을 자연스럽게 받아들이는 그들의 의연한 모습에 부러움이 묻어나는 눈길을 던지기도 하고, 그들과 깊고 아련한 인연에 하나로 연결되었음을 자각하고 미소 짓는다.

그는 또 정원의 풀잎을 보고 푸른 실로 짜 만든 자신의 천성의 깃발일지도, 아니면 하느님의 손수건일지도 모른다고 생각한다. 그리고 읊는다.

> 풀잎 하나가 별들의 운행에 못지않다고 나는 믿는다.
> 개미 역시 똑같이 완전하고, 모래알 하나 굴뚝새의 알 하나도
> 그러하다고 믿는다.
> 청개구리는 최고의 걸작품이다. (……)
> 그리고 한 마리 생쥐는 몇 억의 무신론자들을 깜짝 놀라게 하기에
> 충분한 기적이다.

이렇게 그는 우리가 하찮다고 생각하는 미물에게서 생명의 아름다움과 경이로운 기적을 본다.

영국의 빅토리아시대 계관시인 앨프레드 테니슨은 벽의 갈라진 틈 사이에 핀 작은 꽃에서 우주의 신비와 생명의 본질을 본다.

틈이 벌어져 갈라진 벽 사이의 꽃 (……)
작은 꽃, 하지만 내가 너의 본질을
뿌리까지 송두리째 이해할 수 있다면
하느님과 인간이 무언지 알 수 있으련만.

이뿐이 아니다.

14세기 독일 사상가 마이스터 에크하르트는 조그마한 생명 속에서 신의 모습을 보며 이렇게 노래한다.

한 마리 풀쐐기라도 내가 충분한 시간을 갖고
그것을 들여다보기만 한다면
나는 따로 설교 준비를 할 필요가 없으리라.
그만큼 모든 존재는 신으로 가득 차있으니까.

미국의 은둔 시인 에밀리 디킨슨은 울새 한 마리에 자기의 삶을 건다.

기진맥진 지쳐있는 한 마리 울새를
둥지로 되돌아갈 수 있도록 한다면
나 헛되이 사는 것 아니리

위의 시는 그의 시 〈만약 내가(If I can)〉 중 한 구절이다.

그는 평생 독신으로 집 바깥으로 나가지 않고 은둔하며 한 권의 시집도, 혈육도 남기지 않고 스스로 사라졌다. 1,800여 편에 이르는 그의 시는 사후에 시집으로 출간되었다.

> (……) 대평원을 만드는 데 필요한 것은
> 클로버 하나, 벌 한 마리 (……)

또 이런 시도 있다.

> 나무 계단 사이를 한 걸음씩 걸었지
> 천천히 그리고 신중하게
> 머리 위론 별들이
> 별 아래로는 바다가 느껴졌지 (……)

그의 시는 이렇게 군더더기 없이 간결하고 깨끗하다.

그는 감수성 풍부한 관찰자였다. 자연을 사랑하여 시골의 새, 동물 그리고 숲속 식물에서 깊은 영감을 받고 사계절에 따라 변하는 정원에서의 생활이 그의 삶이 되었다.

또 생의 마지막에 하고픈 일이 풀꽃을 심는 일이라는 시인도 있다.

만일 오늘이 나의 마지막 날이라면
나는 그 하루를 정원에서 보내리라.
허리를 굽혀 흙을 파고 거기에
작은 풀꽃들을 심으리라.
(앤 하긴슨 스파이스)

아! 생의 마지막 날에 정원에서 작은 풀꽃을 심겠다니!
나라면 뭘 하고 싶을까?
나를 돌아보지 않을 수 없다.

문을 열고 몇 발자국만 걸음을 떼면 보게 되는, 지천에 얼굴을 내밀고 있는, 나무와 풀꽃들을 나는 오늘도 너무나 무심히 지나쳤던 게 아닐까?

아무도 봐주지 않아도, 이름 불러주지 않아도 자신의 타고난 본성을 활짝 드러내는 그 당당함이 부럽다.

생명 자체가 신비요, 기적이다.

가슴에 잔잔하게 이는 감동의 파문과 함께
그들의 순수한 시선에서 생명의 아름다움과
풀잎 속 우주의 신비를 보는 시간은 황홀했다.

또 하나의 기적

거실 화초들의
웅얼거림에 이끌려
또 하나의 세계를 들여다본다

눈부신 태양의
축복을 받으며
화분 한 켠에

샛노랗게
피어나는
하나의 생명이 있다

땅과
하늘
우주의 보살핌 속에서

거룩하지만
소박하게
한 점 소리 없이

입춘날
또 하나의
기적이 찾아왔다

우리의 행성이
더욱
아름다워졌다

향기로워졌다

접시꽃 단상

꽤 늦은 저녁이었다. 문득 동네 산책길 옆에 자라나는 접시꽃 나무가 보고 싶었다. 옷을 주섬주섬 걸치고 발걸음을 옮기며 중얼거린다.

'이맘때면 하나, 둘 꽃을 피우기 시작했는데….'

지금 자라나는 이 꽃나무 자리에서 화려한 꽃을 피웠던 할아버지, 아버지 꽃나무를 생각하며 무심결에 입 밖으로 내뱉은 독백이다.

두 해 전, 한여름 굵은 장대비가 내리던 어느 날에 맺었던 인연으로 아들 세대를 거쳐 지금 세대에 이르도록 관계를 지속하고 있다는 게 신기할 뿐이다. 이 나무와 나는 과거 무슨 인연으로 현생에서도 관계를 이어가고 있는 것일까.

약 10분을 걸어 나무가 있는 곳에 도착했다.

사위는 어둑어둑하여 어렴풋이 식별이 가능한 상태였다. 내 키보다 훨씬 큰 물체가 앞을 가로막고 있었다.

'아니, 이게 뭐지?'

순간 놀람과 두려움이 살짝 섞인 눈으로 올려다보았다. 한 보름 전쯤 지나가다 슬쩍 봤을 때, 키가 내 허리춤이나 될까 말까 한 친구였다.

'아니, 그때 그 꼬마가 이렇게 훌쩍 커버렸나?'

눈을 의심하며 더욱 다가서 잎새를 하나씩 만지며 아이의 폭풍 성장에 대견스러워했다. 이런 걸 옛사람은 '청출어람(靑出於藍)'이라고 했던가.

'너희 아빠나 할아비도 이렇게 튼실하지는 않았지. 너희 아빠나 할아비가 하늘에서 너를 보면 무척 뿌듯하겠는데.'

하늘 높이 당당하게 뻗어있는 줄기와 잎새들을 올려다보며 한마디 했다.

그리고 며칠 후 이 친구를 다시 찾아갈 기회가 있었다.

평상시에는 아침 일찍 포일 이미동 숲속마을 쪽으로 가서 근처 야산을 올라갔다가 내려오는 코스로 100분 정도 걷는다. 그래서 이 친구가 있는 산책길은 저녁 무렵이나 걷게 되는데 이번엔 낮 시간에 먼저 친구를 찾아보기로 했다.

집을 나서기 시작하자 몸이 벌써 알고 반응한다. 머릿속에선 도파민이 송송 솟고 가슴은 심박질이 가속되고 눈빛은 반짝인다.

마침내 친구가 저 멀리 시야에 들어온다. 우뚝 서있는 자세가 듬직하다. 지난번 밤늦은 시간에 봤을 때보다 더 자세히 이모저모를 볼 수 있었다. 가까이 다가서 잎을 부드럽게 만지며 주위를 살펴보니 살짝 붉은빛을 띠었다.

'와~ 이제 꽃을 피우기 시작하는구나!'

반가웠다. 수줍은 듯 배시시 얼굴을 반쯤 드러내고 있는데 불안과 두려움도 살짝 엿보이는 듯하다. 이 어린 꽃봉오리에게 아낌없는 응원의 박수를 보낸다. 동료가 아직 꿈에서 한창 헤매고 있을 때 제일 먼저 이 세상에 나온 기특한 친구가 아닌가. 이 친구는 지구의 초여름 싱그러운 공기를 마음껏 마실 수 있게 되었다. 이제 내일이면 또 여러 친구가 고개를 들이밀 것이고, 그다음 날은 수십의 꽃봉오리가 줄줄이 그 뒤를 이을 터이다.

이게 바로 지난번 어느 글에서 말했던 '점화효과'라는 거구나!

책에서만 들었던 걸 현장에서 목격하게 되었다. 마치 1마일 4분의 마(魔)의 벽을 깬 로저 배니스터의 식물편을 보는 듯했다. 인간은 배니스터를 영웅으로 만들어 칭송했지만 이 친구는 그런 호강을 누리지 못하고 있다. 순간 연민의 감정이 일었지만 이 친구 역시 그런 것에는 전혀 관심이 없는 듯하다.

문득 책에서 읽었던, 유명한 영장류학자인 '프란스 드 발'의 말이 떠오른다.

> 인간은 상상 속 사다리에서 정상의 자리를 유지하기 위해 다른 동물들과의 유사성을 실제보다 흔히 과소평가하고 있다. (중략) 침팬지의 '키스'를 '입과 입의 접촉'이라고 부르고 영장류의 '친구'를 '특히 좋아하는 제휴파트너'라고 부르며 까마귀와 침팬지가 도구를 만들 수 있다는 증거에 대해서는 인류를 정의하는 종류의 도구제작과는 질적으로 다른 것이라고 해석한다.
>
> (출처: 룰루 밀러, 《물고기는 존재하지 않는다》, 정지인 역, 곰출판, 2021)

나는 프란스의 말에 전적으로 공감한다.

한 걸음 더 나아가 동물뿐이 아니라 식물의 세계에까지 이 말을 확대해석 하고 싶다. 과연 '지능'이나 '의지'라는 것이 인간에게만 있고 동식물에게는 단지 '본능' 이외는 전혀 찾아볼 수 없는 것일까?

우리는 모르는 것이 너무 많다.

최근 과학기술의 발전으로 인간의 무지가 한 꺼풀씩 벗겨지고 있다. 저 땅속 벌레나 길가 잡초가 간직한 비밀에서부터 우주의 신비에 이르기까지 경이로운 사실이 하나씩 밝혀지고 있는 것이다.

문득 이런 상상을 해본다.

지금 우리를 힘들게 하는 이 바이러스는 우리 인류에게 궁극으로는 더 조화로운 삶을 가져다줄지도 모른다. 이 세계 안의 또 다른 세계에 대한 긍정적 환상을 펼쳐본다.

지금 우리가 그려놓은 인간 중심의 기준이나 척도를 의심하고 재검토하여 온 생명의 조화로운 삶을 위한 큰 그림으로 재설계하여 살아간다면?

불확실성까지 포용한, 모든 것이 한데 어우러진, 원융무애(圓融無碍)의 조화로운 세계를 머릿속에 그려본다.

고개를 들어 이 친구를 보니
친구도 나를 보며 해맑게 웃고 있었다.

우주 의식으로 보다

밤하늘을 올려다본다.

광활한 우주에 저마다의 존재를 드러내는 수많은 별!

모래알처럼 많은 별 중, 우주 한구석 자리에 창백한, 푸른색을 띤 지구!

지구에 존재하는 삼라만상 중 동물, 그중 하나의 종으로서 인간!

나는 현재 78억의 인간 중, 하나의 독립된 개체로 살아가고 있다.

내 몸속에는 우주를 구성하는 별들의 숫자만큼의 미세한 세포들이 저마다의 삶을 살아가고 있다. '나는 하나이면서 전체가 될 수 있고, 전체 속에 또한 내가 있다'는 일중일체 다중일(一中一切 多中一)의 장엄한 화엄 세계를 보는 듯하다. 이 경이로운 화엄의 대원리를 우주의 티끌 같은 인간의 머리로 어떻게 가히 짐작이라도 할 수 있을까.

이 장엄한 우주를 창조하고 다스리는, 신이라는 존재가 과연 실재

할까?

“신이 만약 있다면 선을 추구하는 신보다 무심한 신이 진리에 가깝다”라고 한 스피노자의 말을 음미해본다.

우리는 인간의 잣대로 신에게 옷을 입히고 심장을 달고 뇌를 심는다. 신을 사랑하다가 미워하기도 하고 신과 더불어 울고 웃는다. 신이 존재한다면 신의 뜻이 어떤 것이고, 우주의 원리가 이런 것이라고 감히 누가 자신 있게 말할 수 있을까. 그러나 인간은 알량한 머리로 마치 신과 우주를 다 아는 양, 저마다 강단에서 열변을 토하고, 같은 종(種)끼리도 서로가 우월하다고, 잘났다고 자신을 드러내기에 정신이 없다.

어디 그뿐인가?

더불어 살아가는 동식물에 대해서도 말 못 하는 열등한 존재로 간주하는 인간의 오만은 극에 달한다. 신이 존재한다면 신은 우리가 동식물보다 우월하다고 생각이나 할까? 우리가 땅속 지렁이와 풀숲 메뚜기를 보는 것처럼, 그들이나 우리를 동등한 존재로 볼 듯싶은데 말이다.

과학자의 관점에서 인간과 동물을 보는 시각은 어떨까?

물리학자 김상욱 교수의 말을 경청해본다.

> 모든 인간의 유전자는 다른 사람과 평균적으로 99.5% 정도가 일치한다고 한다. 유전자만 보아서는 두 사람을 차별할 근거를 찾기 힘들다는 의미다. 유전자로 본다면 인간과 침팬지 사이의 평등도 문

> 제가 된다. 침팬지의 유전자는 인간과 99%가 같다. 참고로 남자와 여자의 유전자도 99% 같다. 인간의 평등이 생물학적 근거 때문이라면 우리는 이제 평등의 범위를 다른 생물 종으로 넓혀야 할 시점이 온 것인지도 모른다.
>
> (출처: 김상욱, 《떨림과 울림》, 동아시아, 2018)

나 이외의 다른 생명체의 삶에 대해서도 감히 '옳다, 그르다, 맞다, 틀리다'를 엄밀하게 분별하고 판단할 수 있을까?

모든 존재는 다만 주어진 본성에 따라 살아갈 뿐이다.

전지전능한 신이 있다면 판단할 수 있겠지만, 아마도 신은 판단은커녕 무심으로 지켜보고만 있을 것 같다. 이 세상에 일어나고 있는 모든 일은 정해진 인과율(因果律)에 의해 한 치의 오차도 없이 순리에 따라 일어나고 있을 뿐이다. 만약 신이 인간의 본성을 공유하고 있다면 인간이 자신의 잘못으로 고통받고 있을 땐 연민의 감정으로, 선행으로 잘하고 있으면 사랑의 눈길로 바라보고만 계실 것 같다.

나는 자비와 사랑의 신을 믿는다.

신은 모든 창조물에게 각자의 본성과 능력을 부여했으니 우리는 주어진 본성에 따라 양심과 주어진 능력대로 즐겁게 살다 가면 되지 않을까?

세계적 심리학자 웨인 다이어의 신의 관점에 대한 말을 경정해 본다.

자신을 너그럽게 봐주세요. '근원(신)'은 여러분을 심판하지 않아요. 여러분이 자신을 심판하는 겁니다. 그렇게 해서 신으로부터 멀어지는 거지요. 당신이 한 행위는 벌을 받을 이유가 하나도 없어요. 그저 당신의 길에서 조금 벗어났을 뿐이에요. 신은 당신이 잘못했다고 보지 않아요. 어린아이가 걸음마를 하면서 넘어졌을 때 당신은 아이를 꾸짖으며 "일어나, 이 멍청아!"라고 하지 않고 그렇게 넘어지면서 균형을 잡아가는 것을 배운다고 생각하는 것처럼 신도 여러분 모두를 같은 식으로 보고 있어요.

(출처: 웨인 다이어&에스더 힉스,
《우주는 당신의 느낌을 듣는다》, 이현주 역, 샨티, 2018)

우리는 지나치게 신이나 타자를 의식하지 않고, 사회적, 도덕적 편견에서 벗어나 우주 의식으로 지금, 이 순간을 만족하며 자신에게 주어진 삶을 즐겁게 감사하며 살아가면 될 뿐이다.

바티칸 대법원 변호사인 한동일 교수의 잔잔한 독백이 귓전을 울린다.

인간이 기도하지 않는 세상이 올 때, 그때야말로 인간 세상은 평화로워지지 않을까 생각했다. 이제는 신에게 끊임없이 무엇을 해달라고 보채는 기도에서 벗어나 내가 누구인지, 나는 의롭게 잘 살아왔는지, 앞으로 어떻게 살아갈 것인지에 대한 성찰의 기도가 필요하지 않을까?

(출처: 한동일, 《믿는 인간에 대하여》, 흐름출판, 2021)

겨울 걷기 명상

예전 하루 두 차례 산책하던 것이 언제부턴가 춥다는 핑계로, 또는 미세 먼지를 들먹이며 겨우 저녁 한 차례로 줄었다. 게을러진 것이다.

하지만 오늘은 게으름을 피울 수가 없었다.

평소 좀처럼 볼 수 없던 맑고 투명한, 매혹적인 햇살이 나를 유혹하고 있었다. 햇살은 대지의 냉랭한 기운을 배경으로 겨울에 더욱 그 진가를 발휘하는 듯하다. 옷을 주섬주섬 챙겨 입고 모자를 쓰고 장갑까지 끼고 문을 나선다.

오랜만에 낮 시간의 만남이라 나무들의 반가운 시선이 느껴진다.

그동안 왜 그렇게 뜸했냐고 살짝 무안을 주는 듯하다. 미소를 띠며 가까이 다가가 눈을 마주친다. 그 많던 식솔들을 다 떨구고 홀가분하고 당당하게 겨울 한철을 나는 그들을 본다.

문득 영국 시인 테니슨의 시구가 생각난다.

그대 삶을 살아라.
젊었든 늙었든, 저기 저 떡갈나무같이
마침내 나뭇잎이 모두 떨어지면 보라
나무가 서있는 줄기와 가지의 벌거벗은 힘을
(영국 계관시인 앨프레드 테니슨, 〈떡갈나무〉 중)

나무의 벌거벗은 다부진 몸에서 양생의 기운이 느껴진다.

우주의 충만한 정기로 개체적 생명력의 보존을 추구하는 노자의 '양생론(養生論)'은 바로 이 겨울나무를 두고 한 말이 아닐까.

지난날을 되돌아보면 나에게 겨울은 다른 계절과 달리 각별했다.

겨울은 영혼의 갈증을 풀어주고 정신을 충만하게 해주었다.

스피노자의 《에티카》, 칸트의 《순수이성비판》, 도스토옙스키의 《카라마조프가의 형제들》 등 대작을 독파한 것도 한겨울의 대학 도서관에서였고, 어머님이 떠나시고 미래가 불투명한 시절의 방황하던 영혼을 달래주던 베토벤의 음악에 심취한 것도 바로 추운 겨울날 단칸방에서였다. 지금도 이들 작품을 대할 때마다 겨울의 냉기가 가슴으로 전해지는 듯하다.

이렇게 겨울은 나무뿐 아니라 나에게도 영혼의 양생기간이었다.

그러고 보니 요즘 특히 글이 잘 쓰이는 것도 나의 글신이 겨울을 특히 좋아하기 때문인가. 전에는 한 주에 겨우 한두 편 쓰던 글을 지난주엔 매일 한 편의 흡족한 글을 쓰게 되었으니 말이다.

이제 다시 산책 얘기를 계속해볼까 한다.

반환점을 돌아 집으로 돌아오던 중이었다. 평소보다 빠른 걸음으로 힘차게 걷고 있었다. 저 앞에 건널목이 눈에 띄었다. 옆에 빨간 신호등이 보였고 곧 신호등이 초록색으로 바뀔 것을 예상하니 마음이 다급해져 더욱 걸음이 빨라졌다.

그런데 갑자기 어디선가 속도를 줄이라는 소리가 들려오는 듯했다.

내면의 소리였다.

"친구야! 왜 그렇게 서두르고 있지? 천천히 가도 괜찮아요."

이 소리를 듣고 즉시 걸음을 한 템포 줄여 본래의 걸음으로 돌아왔다. 가쁜 호흡을 잠재우고 평소 걷던 호흡으로 복귀하니 주위의 풍경이 눈에 쏘옥 들어온다. 이렇게 걷다 보니 어느새 건널목에 당도했고, 때마침 신호등이 초록으로 바뀐다. 절묘한 타이밍이다.

"와~ 혹시 수호천사가 곁에서 지켜보고 있는 건 아닐까?"

놀라움이 반쯤 섞인 탄성을 지르지 않을 수 없었다.

"잘했어요! 이렇게 서두르지 말고 여유롭게 걸어요!"

천사는 또 한마디 덧붙인다.

그런데 이게 끝이 아니었다.

천사의 말대로 여유로운 걸음으로 걸어가다가 또 한 번의 건널목을 건너게 되었다. 그런데 놀랍게도 이번에도 역시 건널목에 막 들어서자 신호등이 초록으로 획 바뀌는 게 아닌가.

신기했다. 한 번은 우연이라고 하더라도 이렇게 연속하여 동시성을 경험하고 보니 새삼 천사의 존재를 강하게 의식하지 않을 수 없었다.

집에 돌아와 가만히 천사의 메시지를 다시 음미해본다.

> 주인은 서두르지 않는다.
> 서두르지 않으면 신이 먼저 다가간다.
> 어디서나 당당하게 자신만의 발걸음으로 정진하라!
> 그 뒤는 우주가 알아서 할 것이다.

이번 겨울은 또 하나의 각별한 깨달음으로 기억될 듯하다.

어느 시골 별밤지기의 삶

아침부터 온종일 한 사람의 삶을 보고 듣고 감상하며 시간을 보냈다.

전 직장 동우회지에 동우회 회원과의 현장 인터뷰 기사를 싣기로 했다.

취재를 위해 K 회원을 만나려고 아침에 고속버스를 타고 제천으로 향했다. 회원을 만나기 전에 네이버에 그가 올려놓은 '어상천의 별밤'이라는 블로그 글을 대충 읽어보았다. 그는 7년 전에 명퇴하여 고향인 안양에서 단양으로 내려와 농사를 짓기 시작한, 아내와 두 아들을 둔 평범한 가장이었다. 작년에 회갑을 넘겼고 두 아들은 모두 독립하고 아내와 단둘이서 소박하게 살고 있었다.

K 회원을 만났다.

오기 전 그의 인터넷 블로그에서 읽고 받았던 그의 인상과 비슷

하였다. 성실한 전형적인 농부의 이미지에 차분하면서 친절한 인상, 그대로였다. 근처 한적한 카페로 가서 이야기를 나눴다.

궁금한 것이 한둘이 아니었다. 질문을 쏟아냈다.

- 퇴직하자마자 생활 본거지인 안양을 떠나 연고도 없는 단양으로 와서 농사를 짓게 된 것은 어떤 연유에서죠?

"퇴사하기 1년 전부터 퇴사하면 농사를 짓기로 마음을 먹었지요. 농사일을 어떻게 배울까, 이리저리 방법을 궁리한 끝에 마침 단양군청에서 실시하는 1박 2일 코스, 귀농 관련 프로그램에 참여하게 되었어요. 그러다가 단양에 땅을 사게 되었고 주말마다 아내와 내려와 멘토와 함께 농사일을 조금씩 배우게 되었지요."

- 집안에 농사짓는 분도 없는데 어떻게 퇴직 후에 농사짓기로 마음을 먹게 되셨나요? 나이가 들어갈수록 농사가 점점 더 힘들어지는 일 아닌가요?

"저는 오히려 나이가 들어서도 죽을 때까지 할 수 있는 일이 바로 농사일이라고 생각했죠. '자연은 내가 하는 만큼 정직한 보상을 해준다', '땅은 거짓말을 하지 않는다'는 걸 믿었던 거죠. 그리고 귀농 강의에서 마늘 농사를 해서 한 해 1억 이상을 번다는 사례를 듣고 마음이 설레기도 했구요."(단양은 날씨가 서늘하고 땅에 석회 성분이 많아 마늘이 잘 자라고 튼실하다고 한다.)

- 일반 농사가 아니라 농약과 비료를 쓰지 않는 친환경 생태농을 하시는데 특별한 이유라도 있는가요? 유기농은 병충해나 자연환경변화에 더 민감하고 수확에도 더 불리한 조건 아닌가요?

"그런 면도 있지만 무엇보다 좋은 것은 비료를 쓰지 않고 트랙터로 땅을 갈지 않아서 밭에 지렁이와 미생물이 자란다는 점이죠. 이런 땅에서는 벌레가 많아서 거미가 사는 땅에서 자라는 건강한 농작물을 수확할 수 있습니다. 여기서 산출한 마늘이나 양파, 시금치, 서리태, 고추 등을 맛본 지인들이 한결같이 맛있고 몸이 좋아졌다고 하는 말을 들을 때면 보람을 느낍니다."

그는 몸에 좋은 작물 농사를 하는 것에 대한 자부심이 남달랐다. 자신이 하는 일이 적당한 일거리가 되어서 좋고, 또 운동이 될 뿐만 아니라 좋은 먹거리를 지인들과 나눌 수 있어 좋다고 활짝 웃으며 얘기하는 그의 모습이 싱그러웠다. 그가 농사 9년 차에 접어든 지금까지 잘 버텨온 걸 보니 남다른 노하우가 있을 것 같았다.

- 부인은 제천에서 편의점 일을 하며 농사는 전혀 도와주지 않는다는데 1,500평이나 되는 밭을 혼자서 관리하고 판매하기는 분명 쉽지 않을 텐데, 무슨 비결이라도 있나요?

"물론 처음엔 무척 힘들었죠. 하지만 요즘은 지혜롭게 대처하려고 노력하죠. 농사일이란 하려고 하면 끝이 없어요. 큰 비결 같은 건 없구요. 저는 지금 꼭 해야 할 일 중심으로 가능한 쉽게 하려고 해요. 전에는 마늘 씨 뿌리고 수확하는데 수작업으로만 했지만 이제 기계의 힘을 빌려 몇 시간에 끝내죠. 그리고 힘들면 쉬고, 허리가 뻐근하면 '꺼꾸리'를 이용해 근육을 풀어주죠.

그리고 판매는 마늘은 시장에 내어 팔지만, 나머지 작물은 조금씩 해서 우리가 먹고, 남으면 지인들 중심으로 나눠주거나 소량 판매합니다. 매출에 연연하지 않고 몸이 무리하지 않도록 하는 것이 비결이라면 비결입니다.

게다가 평소 틈틈이 시간을 내어서 인근 소백산이나 치악산 둘레길, 청풍호 자드락길을 혼자 즐겁게 걷습니다. 요즘 같은 농한기엔 치악산이나 태백산, 오대산 등지를 며칠씩 여유를 가지고 다녀오기도 합니다. 며칠 전에는 3박 4일로 여수에 가서 돌산도와 화태도 갯가 길을 걷고 왔지요. 참 좋았어요."

- 그렇군요. 이 바쁜 일상 속에서도 꾸준히 책을 읽으시던데, 주로 어떤 책을 읽고 계신가요?

"주로 유기농법에 관한 책이나 걷기를 좋아하다 보니 전국 걷기 좋은 둘레길 여행 정보가 담긴 책, 그리고 장편 소설이나 마음을 다스리기 위한 책을 보고 있지요. 최근 읽었던 책 중에서는 조정래 작가의 《아리랑》을 인상 깊게 읽었습니다."

책은 시간 나는 대로 틈틈이 읽고 있지만, 주중 나흘은 아내가 일하는 편의점에 나가 야간 근무를 하며 많이 읽게 된다고 했다. 읽었던 책 리뷰를 블로그에 꾸준히 올리고 있는데 여행 관련 책을 볼 때 제일 가슴이 설렌다고 한다. 책에 관한 얘기를 재미있게 하다 보니 어느새 시간이 많이 흘렀다.

- 앞으로 하고 싶은 꿈이 있다면 어떤 게 있는지 얘기해주실 수 있을까요?

"굳이 꿈이라고까지 할 건 아니지만 취미생활로 이삼 년 후엔 카약을 구입하여 호수와 강을 찾아서 풍류를 즐기고 싶고, 사오 년 후에는 카라반을 마련하여 틈틈이 지방을 다니며 캠핑을 하고 싶어요. 그리고 칠순 생일에는 그동안 배운 기타 실력으로 클래식 기타 연주회를 열어 '알함브라 궁전의 추억'을 연주할 수 있으면 더할 나위가 없겠습니다."

카페를 나와 '의림지' 근처로 가서 곤드레밥과 구수한 청국장이 나오는 식사를 함께 맛있게 하고 호수 주위를 한 바퀴 천천히 걸었다. 쌀쌀한 날씨에도 식사 후 산책을 즐기는 사람들의 모습이 눈에 많이 띈다. 수백 년 묵은 소나무들이 이 한겨울에도 은은한 솔향을 풍기며 당당한 자태로 우리를 반긴다.

문득 추사의 '세한도'가 생각났다. 추사는 어려운 시기에도 변치 않고 자기를 돌봐주는 한 제자를 생각하며 소나무를 떠올리며 그림을 그렸을 터였다. 소나무의 꿋꿋한 기상과 위엄 있는 모습을 감상하다 보니 어느새 추위는 간데없다.

그가 농사를 짓는 현장을 둘러보고 싶었다.

겨울이라 썰렁하였지만 안내를 받아 그의 집과 주위 마늘밭과 텃밭을 둘러보게 되었다. 자세히 들여다보니 마늘밭에서는 씨를 뿌렸던 자리에서 아주 조그만 싹이 하나씩 움트고 있었다.

신기했다. 이 엄동설한에도 땅속에서는 조금씩 생명을 피우고 있었던 것이다. 마늘은 10도 이하 온도에서 생육 속도가 느려지지만 뿌리는 1도 내외에서도 자란다고 한다. 시금치는 추위에 강하여 영하 10도까지는 괜찮으며 추울수록 더 맛이 좋다고 한다. 또 청보리는 열두 줄 파종하였는데 지금은 월동 상태이고 올봄에 수확한다고 한다.

집을 둘러보니 모퉁이에 세 평 남짓 되는 황토방이 있었다.

그가 동네 분들의 도움으로 같이 지은 황토방이라고 한다. 추사가 제주도 유배길에 다산초당에 써줬다는 '보정산방(寶丁山房)'을 본떠서 입구에 '보김산방'이라고 쓴 팻말을 예쁘게 달아놓았다. 그는 장작으로 불을 때어 원적외선이 나오는 이 방에서 몸과 마음의 피로를 풀고 원기를 회복한다고 한다.

언젠가 봤던 TV 〈나는 자연인이다〉라는 프로그램에서도 황토방이 좋다는 말을 들어본 것이 기억난다. 나 역시 추운 겨울에는 이런 방에서 등을 눕혀 따뜻한 온기를 느껴보고 싶었다. 하지만 언제나 그날이 올까? 그런 기회는 그와 같이 용기 있게 실행에 옮기는 사람에게만 주어지는 축복이 아니겠는가.

이런저런 이야기를 나누다 보니 벌써 시골 단양, 어상천 마을에 어둠이 서서히 다가오고 있었다. 이 마을의 별밤지기와 아쉽지만 작별할 때가 되었다. 제천으로 와서 고속버스에 몸을 담고 서울로 돌아오며 오늘 하루를 돌아보았다.

나는 그동안 피상적으로만 알던 소박한 시골 농부의 삶을 오늘 직접 보고 듣고 배우는 귀중한 시간을 보냈다.

'나이 들어 밭에서 호미 들다 죽고 싶다'는 그의 말에서 땅에 대한 깊은 신뢰를 느꼈고, 유기농을 고집하는 그의 태도에서 건강한 자연에 대한 철학을 읽을 수 있었다.

그는 땅이나 농작물, 나무들을 친구로 생각하는 듯하였다. 그리고 농사일과 편의점 야근을 하는 고단한 현실 속에서도 '지금 여기' 자신에게 주어진 삶을 긍정적으로 수용하고 감사하며 마음의 여유와 절제를 즐기는 지혜를 가지고 있었다.

그는 또 틈틈이 걷기운동과 책 읽기를 통해 자신을 부단히 성찰함으로써 자신이 어디로 가야 하는지, 어디로 가고 있는지를 탐구하며 사는 듯하다. 겉으로 보면 지극히 소박하고 평범한 듯한 그의 삶에서 비범한 지혜를 들여다볼 수 있었다. 이것을 노자는 '대지약우(大智若愚)', 큰 지혜는 어리석음과 같이 보인다고 했던가.

"농사는 별의 노래이다. 어상천의 별밤 아래서 자연농을 추구하겠다"라는 일에 대한 열정과 호수에서 카약을 타고 산속에서 카라반으로 캠핑을 즐기고 클래식 기타를 연주하는 그의 행복하고 자유로운 영혼이 돌아오는 내내 머릿속에서 떠나지 않았다.

문득 도연명의 〈귀거래사(歸去來辭)〉의 몇 구절이 떠오른다.

자! 돌아가자.

고향 농사지을 땅이 거칠어지는데 어찌 돌아가지 않겠는가.
지금까지는 고귀한 정신을 육신의 노예로 만들어버렸다. (……)
내가 길을 잘못 들어 헤매고 말았지만 아직은 그리 늦지 않았다. (……)
배는 흔들흔들 가볍게 흔들리고 바람은 한들한들 옷깃을 스쳐 가네. (……)

무릎 하나 들만한 작은 집이지만 이 얼마나 편한가. (……)
날마다 동산을 거닐며 즐거운 마음으로 바라본다. (……)
때때로 머리 들어 먼 하늘 바라보니 구름은 무심히 산골짜기에 걸려있고 (……)
나는 거문고를 타고 책을 읽는다.

우주 속의 나

아침 거실에서 맞은 찬란한 일출은 어제의 일출과 달랐다.

저 산 너머에서 막 떠오르는 태양을 보는 순간, 가슴은 설렘과 감사로 충만하여 두 손을 합장하며 허리를 굽혀 예를 취하는 나를 본다. 가는 눈으로 해를 주시하며 입으로는 연신 "감사합니다!"를 읊조린다.

고개를 돌려 주위 식물들을 둘러본다.

그들 역시 매일 맞이하는 태양이지만 지금 여기에서의 지극한 행복을 온몸으로 만끽하는 듯하다. 조그맣게 몸을 비틀며 피어오르는 연약한 잎새의 가냘픈 떨림이나 꽃들의 해맑은 미소도 느껴진다.

며칠 전 책을 통해 우주여행을 하였다.

다시 한번 우주의 신비와 광활함을 경이의 눈으로 볼 수 있었지만, 무엇보다도 나와 모든 생명체의 시원(始原)에 대하여 돌아보게 되었다는 점에 의미가 깊었다.

세상의 모든 물질은 '원자'로 이루어져있는데 빅뱅과 함께 우주가 시작되면서 만들어진 바로 그 원소들이다. 그러니 우리 몸속에는 우주의 138억 년이라는 장구한 역사가 담겨있는 셈이다. 핏속의 철, 뼛속의 칼슘, 머리칼 속 탄소 등 원자 알갱이 하나하나가 전부 우주의 별에서 만들어진 것들이었다.

그렇다, 우리는 바로 별의 후손이다!

미국 천문학자 할로 섀플리는 이렇게 말하였다.

> 우리는 뒹구는 돌들의 형제요, 떠도는 구름의 사촌이다.
> (출처: 이광식, 《50, 우주를 알아야 할 시간》, 메이트북스, 2020)

이 얼마나 시원하고 멋진, 경이로운 통찰인가!

인간종은 물론이고 지구의 모든 만물은 한 가족이라는 얘기다.

지구의 모든 존재는 지구라는 한배에 탄 식구다.

지구는 총알보다 60배 빠른 속도로 태양 주위를 공전하고, 하루 한 번 총알과 같은 속도로 자전하면서도 자신의 배 위에 탄 모든 생명체가 떨어지지 않도록 가슴으로 품어주는 엄마다.

세월이 가면 사라질, 유한하면서도 한 번밖에 없는 소중한 목숨이기에 모든 존재는 서로 아끼고 사랑하며 조화롭게 살아가야 한다. 우리는 한 가족이니 서로 잘났다고, 옳다고 싸우지 말고, 미워하지 말고, 평화롭게 어울려 살아갔으면 좋겠다. 오늘도 전쟁 중인 우크라이나 난민의 처절한 울부짖음을 봤다.

문득 천문학자 칼 세이건 박사의 간절한 글을 떠올려본다.

> (중략) 이 작은 섬의 한 모서리에 살던 사람들이 거의 구분할 수 없는 다른 모서리에 사는 사람들에게 보여주었던 잔혹함을 생각해보라. 서로를 얼마나 자주 오해했는지, 서로를 죽이려고 얼마나 애를 써왔는지, 그 증오는 얼마나 깊었는지, 모두 생각해보라.
>
> 우리가 사는 이곳은 암흑 속 외로운 얼룩일 뿐이다.
>
> '이 창백한 푸른 점(The Pale Blue Dot)'보다 우리가 아는 유일한 고향을 소중하게 다루고 서로를 따뜻하게 대해야 한다는 책임을 더 적나라하게 보여주는 것이 있을까?
>
> (출처: 조재성, 《나는 날마다 우주여행을 한다》, 별, 2021)

밤하늘의 우주를 올려다본다.

우리가 사는 은하에 태양과 같은 항성이 대략 2,000억 개가 존재한다고 추정하는데, 우주에는 이런 은하가 무려 약 1,700억 개가 존재한다고 한다. 그리고 아직도 우주의 공간은 빛의 속도로 팽창해 가고 있다.

놀라지 마시라! 우주의 별들의 숫자가 지구의 모래 알갱이 숫자보다 약 10배쯤 많다고 한다. 가히 상상도 할 수 없다.

별도 사람과 마찬가지로 탄생하고 성장하고 나이 들어 죽음을 맞이한다고 한다. 덩치가 작은 별은 붉은색으로 빛나며 오래 살고, 덩치가 큰 별은 청색이나 백색을 띠며 짧게 산다고 한다. 우리의 영원한 엄마인 지구도 언젠가는 죽음을 맞게 될 터이다.

이렇게 우주의 모든 존재는 생로병사를 겪으며 살아갈 수밖에 없는 같은 숙명을 타고났다.

이 광활한 우주 속을 들여다본다.

신을 떠올리지 않을 수 없다.

나는 이 아름다운 우주, 신비로운 자연의 숨결 속에서 거룩하고 영원한 신을 온몸으로 체험한다. 저 하늘 위에서 나와는 떨어져있는 초월적 신이 아니라, 이 아름답고 조화로운 자연 속에 살아가는, 뭇 생명체들과 더불어 있는 존재로서의 신이다. 질서와 조화의 우주가 곧 신이라고 스피노자는 말하지 않았던가?

우리 인간의 존재는 우주의 티끌에 불과하지만, 정작 신비한 것은 '내가 누구인가?'가 아니라 이 세상에 내가 '존재한다'는 사실이다.

우주의 끝이 보이지 않는 시공간의 한 점에 '나'라는 인간이 존재한다는 것은 기적이다. 아침 햇살 아래 이슬 같은, 찰나의 이 황홀한 순간을 살 떨리는 감격으로 받아들이지 않을 수 없다.

자연의 일원으로서 우주 속, 행복한 나를 본다.

3장

'또 하나의 나'가 말했다

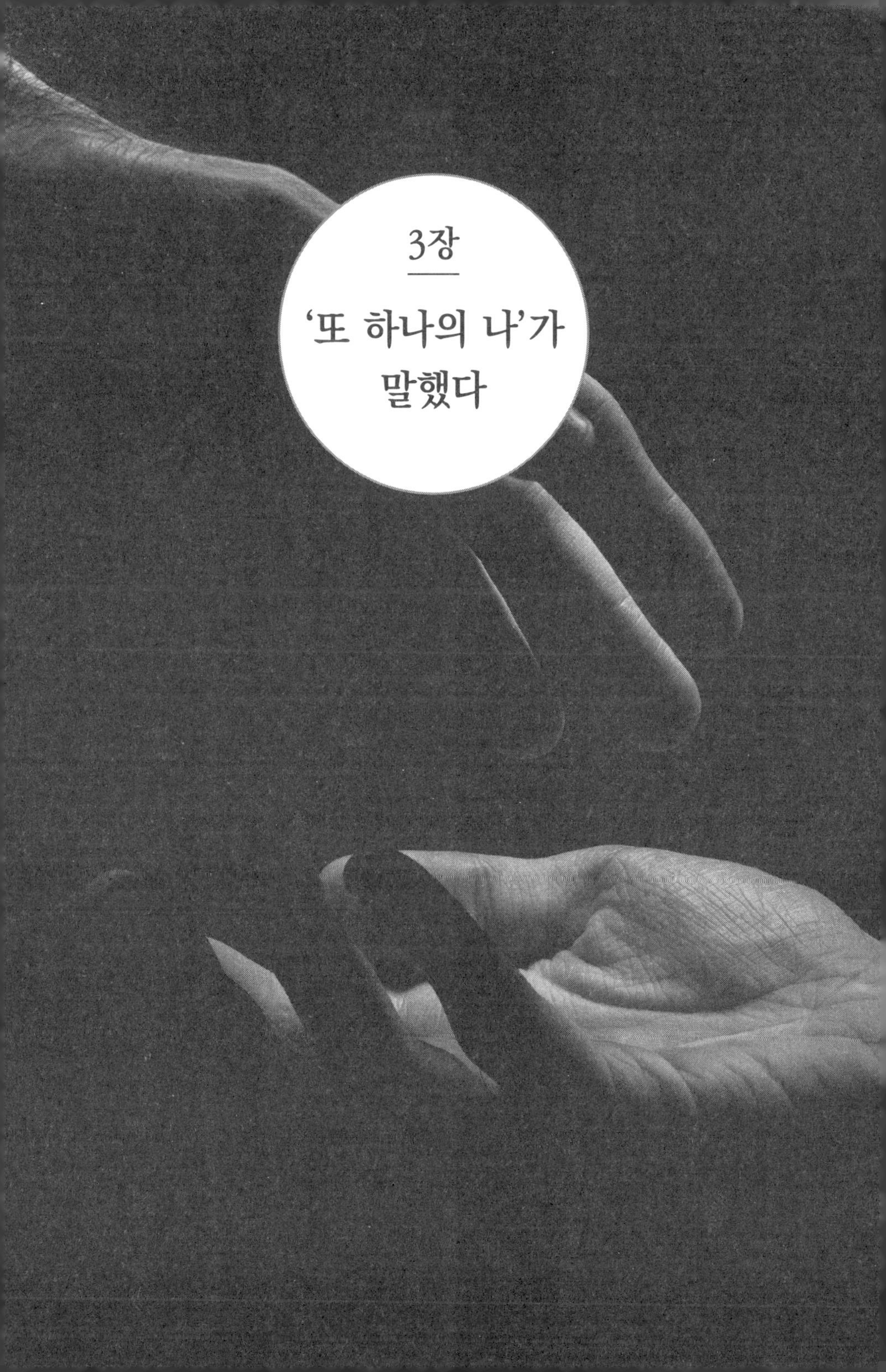

마음의 벽을 허물며

집 거실에서 물끄러미 창 바깥을 바라보았다.

노란 포클레인 두 대가 열심히 집을 허물고 있었다.

작업한 지 얼마 되지도 않아 한쪽에선 벌써 꽤 큰 공터가 만들어졌다. 수십 년 동안 희로애락을 같이한 생활의 터전이 저렇게 기계의 손에 의해 단 며칠 만에 속절없이 흔적도 없이 사라지다니!

전국 어디에서나 흔히 볼 수 있는 재건축이나 재개발 현장의 모습이다. 돈이 된다고 생각되면 아직 살만한 멀쩡한 집도 여지없이 부숴버린다.

이걸 지켜보면서 문득 이런 생각이 들었다.

'이렇게 눈에 보이는 건축물은 쉬이 허물면서도 우리 마음속에 있는 잘못된 신념이나 선입견은 왜 쉽사리 고치기 힘들까?'

비단 건물뿐만이 아니다. 우리 몸속에 있는 기관이나 장기들도 상태가 좋지 않다고 판단되면 가차 없이 수술로 제거하거나 좋은 상태의 것으로 대체한다.

그런데 마음속의 병은 왜 방치하는 것일까?

보이지 않아서 모르기 때문인가, 아니면 두려워서 아예 알려고 시도하지 않아서일까?

우리는 인간다운 삶을 살기 위해 나름대로 책을 읽고 배우며, 자기를 돌아보기도 하면서 부단히 노력한다. 하지만 살다 보면 쉬 풀리지 않는 문제들과 맞닥뜨리게 되어 고뇌하고 좌절하기도 한다. 이 문제들도 틀린 것이나 잘못된 것이 확연하게 눈에 띄어 건물이나 장기를 제거하듯이 쉽게 해결할 수 있으면 얼마나 좋을까.

현실은 만만치 않다.

우리는 매 순간 자신의 생각이나 행동을 냉철한 이성과 따뜻한 감성으로 예의주시하며 돌아보아야 한다. 그렇게 하지 않으면 나도 모르는 사이에 나 자신은 물론, 타인에게 상처나 심각한 피해를 줄 수도 있기 때문이다.

문득 며칠 전에 신문에서 본 칼럼 내용 하나가 떠오른다.

> 중세유럽 종교개혁의 기수인 마틴 루터가 독일 한 수도원에서 가톨릭 수도자로 있을 때다. 그는 고해성사를 통해 자신의 죄를 회개한 뒤 방에서 나왔다. 그런데 걸어서 계단까지 가다가 급히 뛰어 되돌아왔다. 방에서 나와 계단까지 가는 사이에 또 마음으로 죄를 지

었다고 생각했기 때문이다. 되돌아온 루터는 다시 고해성사를 하고 방을 나갔다가 또다시 계단에서 되돌아오곤 하였다.

지금도 루터가 가다 오다 하던 야트막한 계단이 남아있다. 고해성사를 하던 장소에서 10~20미터 떨어진 곳에 있는 이 계단을 사람들은 '루터의 계단'이라 부른다.

(출처: 백성호, 〈백성호의 현문우답〉, 중앙일보, 2021.11.13.)

겨우 10~20m를 걷는 짧은 시간-천천히 걷는다고 할 때 대략 20~30초쯤 걸리지 않을까-이지만 매 순간 성찰의 고삐를 늦추지 않았던 루터는 치열한 수행자였던 것 같다. 속세를 등진 수도자였음에도 20~30초의 짧은 시간에도 마음에 때가 묻을진대, 하물며 우리와 같은 범인이야 오죽할까 싶다.

이것이 우리가 매 순간 나를 돌아보지 않으면 안 되는 까닭이다.

어젯밤에는 꿈속에서 몇 채나 집을 허물고, 새로 거푸집을 대어 진흙을 넣고, 벽을 쌓았는지 모른다. 잠에서 깨어나 긍정적으로 해석해본다.

집을 허문다는 것은 나의 잘못된 기존 신념이나 선입견을 버린다는 의미이고 새로 거푸집을 대거나 벽을 쌓는다는 건 깨달아서 새로운 관점으로 대상을 본다는 의미가 아닐까. 아마도 밤이 늦도록 유튜브에서 감명 깊게 들었던 영성 관련 대담 때문이 아니었을까 짐작해본다.

종교학자 길희성 교수와 조현 기자의 대담이었는데 그들의 대화에 깊이 빠져들지 않을 수 없었다. 길 교수의 서양 신학사와 성경에 대한 지식에 근거한, 기존 교회에 대한 비판적인 시각은 나의 영적 호기심을 끌기에 부족함이 없었다.

길 교수는 서양 신학의 이원적 신관이나 유일신 사상, 그리고 일부 기독교인들의 독선적 선민의식과 아전인수격인 성서해석 등에 대한 날 선 의문을 제기하였다. 대담 중 특히 인상 깊었던 말을 음미해본다.

> 예수님은 기독교의 교리를 만들지 않았다. 초기 기독교에는 교리나 성당이 없었다. 가정예배나 주위 사람들과의 관계로 모여 예수님의 말씀을 따랐던 것이다. (중략) 교리는 인간에 내재된 신의 속성인 자유로운 영혼을 구속하는 굴레와 같은 틀이 될 수도 있다. 교리를 맹목적으로 따르다가 영혼을 구속하게 되는, 주객이 전도되는 우를 범할 수도 있는 것이다.

그는 "영성은 하늘이 부여한 보편적 인간의 본성이다"라고 하며 '영적 휴머니즘'을 강조하였다. 그는 그동안 인류의 종교 전통 중 이런 안목을 갖고 살았던 네 분의 영적 휴머니스트를 손꼽았다.

말과 행동으로 진정한 하느님의 모습을 우리에게 여실히 보여준 예수, 기독교의 공고한 신학적 장벽과 교리의 장벽을 시원하게 허물었던 신비주의자 마이스터 에크하르트, '수처작주 입처개진(隨處作主

立處皆眞)'을 강조하며 참다운 인간의 주체성을 강조한 중국 선불교의 임제 선사, '사인여천(事人如天: 사람을 한울님처럼 섬기다)'을 주창한 동학 2대 교주, 해월 최시형 선생을 들었다.

마음의 닫힌 벽을 허물어 열린 마음으로
종교와 영성의 의미를 살펴볼 수 있었던 값진 시간이었다.

내가 잘못했구나!

나이 들어 스스로 하기 힘들어하는 말이 바로 이 말인 듯하다.

"내가 잘못했구나!"

이 말은 진짜 어른이 되기 위해서 반드시 거쳐야 할 통과의례 같은 건지도 모른다. 특히 자신보다 젊은 사람이나 지위가 낮고 배움이 짧다고 생각하는 사람에게 이런 말을 하기가 더욱 힘든 것 같다. 이것은 아마노 자신이 무의식적으로 그들보다 더 똑똑하거나 훌륭하여, 그들에게 항상 모범이 되어야 한다고 생각하기 때문인 듯하다.

그러나 이 생각이 과연 사실일까?

나이가 많아서, 지위가 높다고, 더 많이 배웠다고, 더 올바르고 똑똑한 게 아니라는 것쯤은 누구나 잘 안다. 이렇게 누구나 잘 알고 있다고 생각하면서도 주위 많은 사람이 습관적으로, 그것이 당연한 듯 생각하고 행동하는 것을 어렵지 않게 보게 된다. 본인의 잘못을 인정하는 것을 죽기보다 더 힘들어하는 어르신도 더러 보인다.

이런 현상은 과학계에서도 볼 수가 있다.

이론이나 가설, 모델을 검증하기 위해서는 과학적 관찰 결과는 필수사항인데, 자신의 이론이나 가설이 추후 발견되는 관찰 결과와 배치되었을 때 흔히 일어날 수 있는 것이다. 그것은 최신 과학기술과 장비가 계속 개발됨에 따라 새롭게 발견되는 사실들에 의해, 기존의 이론이나 모델들이 쉼 없이 공격을 받을 수 있기 때문이다.

최근 재미있게 탐독한 책에서, 미국 저명한 과학저술가인 저자는 자신을 포함하여 몇몇 과학자의 실제 사례를 지적하면서 '내가 틀렸다'는 것을 실토하기에는 매우 커다란 용기가 필요하다고 솔직히 고백하기도 하였다. 그는 이렇게 단호하게 주장한다.

> '내가 틀렸군요.' 이 한 문장은 종종 진짜 과학자와 가짜 과학자를 구별할 수 있게 해준다.
>
> (출처: 마이클 셔머, 《스켑틱》, 이효석 역, 바다출판사, 2021)

데이터에 근거한 사실을 생명으로 하는 과학계에서도 이렇게 쉽지 않을진대 다른 분야에서는 오죽하겠는가?

위계질서를 중시하고 권위주의가 강한 사회일수록 이성에 기반한 합리적인 판단을 흐리게 하는 장벽들이 적지 않음을 보게 된다. 최근 나이 드신 분들의 '꼰대' 근성이나 '나 때는 말이야'로 시작하는 표현도 이런 장벽 중 하나가 아닐까?

명백히 본인의 잘못을 인지하게 되었을 때, 뭔가를 덧칠해 얼렁뚱땅 넘어가거나 핑곗거리를 들먹거리는 게 아니라, 스스로 자신의 흠결을 인정한다는 것은 자신과의 화해를 통하여 나의 존엄성을 잃지 않는 길이다.

타인의 마음에 들기 위해 자신을 배신하지 않는 것이야말로 자신의 존엄성을 지키는 일이다. 이런 자세야말로 자신의 자존심에 굴복한 비굴한 노예가 아닌, 자신이 주인으로서 당당한 자유로운 인간의 모습이 아니겠는가!

> 인간의 존엄, 그것은 최고의 가치이고 끝까지 지켜야 할 성지다. (중략) 협상의 대상이 될 수 있고, 또 원칙적으로 필요에 따라 뒤로 밀려날 수 있는 존엄성, 그것은 더 이상 존엄성이 아니다.
>
> (출처: 페터 비에리, 《삶의 격》, 문항심 역, 은행나무, 2021)

투명한 사회, 건강한 사회가 되기 위해선 자신을 왜곡시키는, 인위적이고 목적 지향적인 장벽들을 하나씩 걷어내야 한다. 특히 나이 드신 어르신, 조직의 높은 곳에 있는 분들, 그리고 집안의 가장들부터 솔선수범하여야 할 듯하다.

나는 범사회적으로 '잘미운동'을 제안하고 싶다.

잘미운동은 '내가 잘못했으니 미안하다'라는 말을 짧게 함축한 말이다.

내가 잘못했다고 판단되면 모르는 척, 어물쩍 지나치거나 뜸 들이지 말고, 즉시 나의 잘못을 인정하고 그 대안을 모색하자는 쿨한 운동이다. 이런 쿨한 어르신이나 선배들이 많아질수록 우리 사회는 갈등이나 오해가 줄어 더욱 투명하고 건강한 사회가 될 것이다.

나는 언제부턴가 신문이나 TV 등 언론매체나 책에서 어르신들이 하는 말과 행동을 유심히 관찰하게 되었다. 그 결과 나름대로 공통적인 특징을 발견하게 되었다.

그것은 자기성찰이 뛰어난 분일수록 본인의 잘못을 변명하지 않고 솔직하게 인정한다는 사실이다. 또한 자신과 다른 견해를 이해하려는 열린 마음을 가진 분일수록 상대의 잘못에도 관대하게 포용하는 아량을 가지고 있었다.

나의 잘못을 인정한다는 것은 곧 자신에 대한 신뢰를 바탕으로 자신을 더욱 업그레이드시키겠다는 의지의 표현이다. 그러기 때문에 자존감이 없으면 할 수 없는 말이기도 하다.

문득 낮은 자세로 자신의 잘못을 밝혔던 용감한 위인들이 머릿속에 떠오른다.

《양철북》의 작가 귄터 그라스는 자서전에서 그가 젊었을 때 '나치의 무장 친위대에서 복무했었다'는 것을 고백하였다.

이 사실을 알게 된 사람들은 그의 위선에 엄청난 비난을 쏟아냈다.

전후 오랫동안 반(反)나치 노선을 걸으며 독일인의 도덕성을 비난해왔던 그가, 정작 자신이 나치 정권에 충성을 했었다는 사실을 속여왔다니!

게다가 그는 7년 전(1999년)에는 노벨문학상을 수상한 터라 명예에도 치명적 손상을 입게 되었다.

하지만 그는 용감했다.

과거의 잘못으로 인한 어떠한 비난도 책임도 모두 감수하겠다는 그의 용기에 마음이 숙연해지고 고개가 숙여짐은 웬일일까. 그는 비로소 오래 간직한, 마음속 커다란 암 덩어리를 걷어내고 본래의 자신을 되찾게 된 것이다. 지금 그를 기억하는 사람들은 아마도 그의 잘못된 과거는 잊고 오직 그의 용기만 기억하게 될 것 같다.

또 한 사람은 존. F. 케네디 대통령인데 쿠바 피그만 침공에 대한 그의 실수 인정 사례를 소개한다.

피델 카스트로의 쿠바 공산정권을 붕괴시키기 위해 미국은 쿠바의 반공 게릴라를 뒤에서 지원하여 1961년 4월 쿠바 상륙작전을 펼쳤다. 그러나 이 작전은 미국의 잘못된 판단으로 결국 실패로 끝나고 말았다. 이 사건에 대하여 케네디 대통령은 두리뭉실하게 넘어가는 대신 본인의 잘못을 솔직히 인정했다.

그는 이렇게 말했다.

우리는 우리의 잘못을 솔직히 털어놓으려고 합니다. 우리의 실수에 대한 모든 책임을 지려 합니다. 우리는 희생양을 찾지 않겠습니다. (중략) 어떤 실수든 그 최종적인 책임은 내게 있으며, 오직 나 한 사람에게 있습니다.

(출처: 마이클 셔머, 《스켑틱》, 이효석 역, 바다출판사, 2021)

베트남 전쟁의 실상을 오랫동안 국민에게 속여온 닉슨 행정부를 상기해보면, 케네디의 이 말은 한 나라의 대통령으로서 명예에 먹칠이 될 수도 있는, 쉽지 않은 고백이었을 것이다. 그러나 이 고백 이후 그의 인기는 오히려 상승했다고 한다. 투명한 세상을 위하여 개인의 알량한 자존심을 버리고 기꺼이 결과에 대한 겸허하고 솔직한 태도에 미국인들은 경의를 표한 것이다.

최근 미국의 유력 일간지 뉴욕 타임즈(NYT)가 대표 칼럼니스트 8명을 내세워 각자 과거에 쓴 칼럼의 오류를 인정하는 '반성문'을 냈다. 정치, 외교, 경제, 기술, 사회 각 분야에서 "제가 틀렸습니다"로 시작하는 제목의 8개 칼럼을 게재한 것이다.

칼럼니스트 중에는 노벨경제학상을 받은 경제학지 '폴 그루그먼', 퓰리처상 수상자이자 미 대통령들의 외교 정책 자문가로 알려진 '토머스 프리드먼'을 비롯하여 역사·경제 칼럼니스트 '데이비드 브룩스', 여성 전문 언론인 '미셸 골드버그' 등의 널리 알려진 이름들이 눈에 뜨인다.

이 전례 없는 기획에 대해 이 신문은 이렇게 밝혔다.

> 극단화된 정치환경과 자기 편향 확증에 빠진 소셜미디어의 홍수 속에서 언론부터 스스로의 잘못을 인정함으로써 지적인 소통이 다시 시작될 수 있다고 믿는다.
>
> (출처: 정시행, 〈"NYT에 쓴 그때 그 칼럼, 제가 틀렸습니다" 대표 칼럼니스트 8명 반성문〉, 조선일보, 2022.07.23.)

'역시 뉴욕 타임즈답다'고 생각했다.

무려 170년이나 된 (1851년 창간) 미국의 대표 일간지로서 온라인 유료구독자가 670만에 달하고 퓰리처상을 130회나 수상(2020년 기준)한, 세계 여론에 막강한 영향력을 끼치는 신문이 이런 기획 기사를 낼 수 있다는 것이 마냥 부럽기만 하다.

고대 하와이인들의 '호오포노포노'의 비밀의 메시지가 생각난다.

용서와 화해를 위한 문제 해결법으로 나를 정화시켜 치유하고 변화를 가져오게 한다는 신비한 주문이다. 이 네 마디 주문 중 하나가 바로 '미안하다'라는 말이다.

이 말은 그저 내 앞에 놓인 문제들이 나로 인해 생겼다는 것을 인정하고 책임지겠다는 의연한 용기이며 주위의 풀리지 않은 응어리를 일시에 녹여버리는 강력한 메시지인 것이다.

일단 나부터 실행해보련다.

매일 잠자리에 들기 전에
하루의 생각과 행동을 돌아보기로 했다.

부모의 사랑

자녀에 대한 부모의 바람직한 사랑이란 어떤 사랑일까?

아이가 어떤 불편이나 어려움도 없도록 지원해주는 걸까, 혹은 아이가 올바른 길을 가도록 곁에서 시종 지켜보며 가르쳐주는 걸까?

이것저것 생각해봤지만 막연하기만 하고 딱 집히는 게 없었다.

먼저, 아이가 이 세상에 왜 오게 되었는지, 아이에게 후회 없는 삶이란 어떤 삶인지, 생각해봤다.

문득 얼마 전에 봤던 드라마 〈오징어 게임〉이 생각난다.

영화 속에서 손에 땀을 쥐며 봤던, 살아남기 위한 게임이 결국은 오 영감의 자작극이었다는 마지막 황당한 반전으로 많은 걸 생각해보게 되었다.

그는 왜 천상의 평온한 삶을 마다하고 이 고통의 세상으로 왔을까?

알고 보니 지상의 삶에서 짜릿한 스릴이나 설렘, 열정을 맛보고 싶어서, 일부러 고통스럽고 힘든 게임을 즐기기 위해 낙원을 포기하고 스스로 선택한 것이었다.

삶은 한바탕 즐겁게 놀기 위한 놀이터였다.

모든 게 가능하고 불편함이 없는 곳에서는 재미가 없어 자발적으로 짜릿함을 찾아서 오다니! 살면서 겪는 시련 자체도 내가 선택한 것이었다니!

아이가 이 세상에 온 목적은 영화 속 오 영감과 같이, 많은 걸 재미있게 체험해보며 즐기기 위한 것인 줄도 모른다. 그렇다면 부모로서 마땅히 자녀가 해보고 싶은 걸 마음 놓고 체험해볼 수 있도록 지원해주어야 하지 않을까? 자녀가 살면서 맞닥뜨리게 되는 시련조차도, 할 수 있는 한 마음껏 체험해볼 수 있도록 하는 게 오히려 바람직할 듯싶다.

부모가 나서서 아이의 문제를 해결해주는 것은 자녀가 이 세상에 온 목적을 무시하는 행위가 되거나, 아이로부터 배움의 기회를 빼앗는 일인지도 모른다. 어둠 속에서 촛불의 의미를 더욱더 잘 알 수 있는 것처럼, 시련이야말로 삶을 더욱 풍성하고 의미 있게 만드는 것이라고 여러 사람이 말하지 않았나.

자녀가 스스로 극복할 수 있는 시련이라면 부모는 자녀가 시련을 통해 배우고 깨달아가는 과정을 곁에서 느긋하게 지켜볼 뿐이다.

정작 부모가 해야 할, 무엇보다도 중요한 일은 지나친 간섭이나 참견, 부산을 떠는 대신, 자녀의 숨겨진 재능을 발굴하는 데 적극적으로 도움을 주는 것, 그리고 부모 자신의 삶에 더욱 집중하여 의미 있는 삶으로 변화시킴으로써 자녀의 삶에 본보기가 되도록 하는 일이 아닐까.

> 사랑은 자기중심적인 요구 이상으로 타인을 독립적인 개체로 인식하는 능력, 상대가 무엇을 느끼고 원할지 상상하는 능력, 그리고 자신의 노예가 아닌 분리된 삶을 허락하는 능력을 필요로 한다. (중략) 사랑은 바로 타인을 온전한 인간으로 최소한의 선을 행하고 또 변할 수 있는 인간으로 바라보는 시선이다.
>
> (출처: 마사 누스바움, 《타인에 대한 연민》, 임현경 역, RHK, 2020)

문득 〈전국노래자랑〉을 33년간 진행해온 최고령 현역 연예인 송해 씨가 다큐멘터리 영화 〈송해 1927〉 개봉을 앞두고 열린 기자시사회 후 가진 기자간담회에서 지난 세월을 더듬으며 했던 말들이 생각난다.

"아들이 가수가 되고 싶었지만 내가 자식의 의중을 파악하지 못하고 반대했었죠."

그 후 그의 아들은 오토바이 사고를 당해 22세 꽃다운 나이에 세상을 떠났다. 그는 죽은 아들을 떠올리며 "내가 아버지 노릇을 못하여 자격을 잃은 아버지로서 후회가 크다"라며 덧붙여 이렇게 말하였다.

> 부모는 자식을 사랑한다면 자식이 진정으로 하고 싶은 걸 밀어줘야 할 의무가 있다. 나는 해주지 못해 죄인이 되었고 몹시 마음이 아팠다.
>
> (출처: 신진호, 〈송해 "남산 낭떠러지서 투신했다가 나뭇가지 걸려 살았다"〉, 서울신문, 2021.11.10.)

나는 과연 아이들을 진정 사랑했던가?

그렇다면 자식을 온전한 한 인격체로 인식하고 존중하면서, 그가 하고 싶은 것을 충분히 할 수 있도록 밀어주었던가? 그리고 나의 삶이 과연 자식의 본보기가 되었던가?

되돌아보지 않을 수 없다.

삶의 도전

세상은 어느 하나 고정된 것 없이 순간순간 변화의 과정을 거치며 돌아가고 있다. 이 속에서도 아침에 불끈 솟아오르는 저 붉은 태양처럼 영원히 변치 않을 것 같은, 평생 바라보고 의지하며 살만한 청사진은 없을까?

삶을 살아가는 데 정답은 없겠지만 그동안 살아오면서 보고 느끼고 체험한 것을 바탕으로 바람직한 삶의 청사진을 그려볼 수 있을 것 같다. 하지만 이 그림은 누구나 쉽게 그릴 수 있는 그림은 아닐지도 모른다. 설사 그렸다고 해도 정작 그 그림대로 사는 사람은 얼마나 될지, 의문이지만.

삶의 큰 그림을 그리고 실천한다는 것은 하나의 도전이다.

이것은 어떠한 난관을 만난다고 해도 흔들리지 않고 죽을 때까지 평생을 꼭 붙들고 가야 할 신념이요, 철학이자, 자유로운 영혼의 지향점이기도 하다.

아침 잠자리에서 눈을 뜨자 가슴속에서 뜨거운 열정이 밀려온다.

일생일대 맞닥뜨린 이 도전을 포기하지 않고 두 눈을 부릅뜨고 직면하리라! 이생에서 이루지 못한다면 다음 생이 있지 않은가. 우공이산(愚公移山)의 정신으로 흔들림 없이 나아가리라.

이 도전은 나 혼자만의 과제가 아니다.

그동안 사색의 여정을 함께 걸어온, 수많은 멘토의 거룩한 영혼들의 의지가 담겨있는 과제이다. 그들은 가슴 찢어지는 고통과 좌절, 슬픔이 있었기에 쉬 부서지지 않는 단단한 열매와 아름다운 꽃을 피울 수 있었고, 나는 그들의 지혜에 공감하고 배우며 나만의 철학을 잉태할 수 있게 되었다. 이렇게 멘토와 하나로 연결되어 멘토들의 따뜻한 응원 속에서 도전할 수 있으니 얼마나 마음이 든든한가.

어제 유튜브에서 본 M연구소 심리상담 내용이 떠오른다.

내담자가 현재의 힘든 삶을 고통스러워하며 최면 속에서 만난 수호천사에게 따지듯이 묻는다.

"누가 나를 이렇게 힘들게 만들었나요?"

"이 삶은 그대가 선택한 삶이다. 그대는 사람들에게 아낌없이 베풀고 사랑하며 새로운 걸 체험해보기 위해 이 세상에 왔다. 이것은 그대가 감당해야 할 몫이니 남을 의식하거나 비교하지 말고, 현재의 고난을 너무 심각하게 생각하지 말고 그냥 즐기면서 살면 된다. 하늘에서 보면 인생은 매우 짧은 거니까 힘들면 버티면서 서두르지 않고 한 발 한 발 나아가면 된다."

수호천사가 차근차근 친절하게 대답한다. 다시 내담자가 묻는다.

"그럼 구체적으로 어떻게 사는 것이 가장 좋은 삶인가요?"

"모든 사람이 이렇게 살아야 한다는 정답은 없다. 나름대로 각자의 삶을 우주의 큰 질서, 자연의 법칙에 따라 현재의 삶을 '있는 그대로' 수용하며 즐겁게 살아가면 된다."

수호천사가 연민의 눈으로 내담자를 바라보며 얘기한다.

이 영상을 보면서 많은 생각을 하게 되었다.
살아가며 끊임없이 상처받으면서도 즐겁게 살아갈 수 있을까?
인터넷을 켜면 매일 접하게 되는 온갖 세상의 불의와 시끄러운 잡음들에 저항하지 않고 마음의 평정을 유지할 수 있을까? 또 과거의 좋지 않은 기억들, 고통과 슬픔, 실망과 후회를 '있는 그대로' 수용할 수 있을까? 그리고 끝없이 올라오는 수많은 욕망을 잠재우며 초연하게 살아갈 수 있을까?
에고로 다져진 몸을 갖고 현재의 삶을 살아가야 하는 인간이기에 어쩔 수 없는 숙명이라고 생각할 수도 있다. 하지만 나는 한 가닥 희망의 끈을 놓지 않는다. 나에게는 그동안 멘토와 나눈 수많은 대화의 시간과 언제나 곁에서 따듯하게 바라보며 지켜주는 나의 주인공이 있다. 이제 나만의 철학을 갖고 한 땀 한 땀 서두르지 않고 나아가겠다.

나의 삶의 큰 그림은 세 가지 목표를 지향한다.

첫째는 분에 넘치는 욕망을 자제하는 것이다.

인간으로서 최소한의 바람에 의지하며 소박하게 살고 싶다. 비움을 통하여 삶의 무게를 줄여나간다면 영혼은 더욱 자유로워질 것이기 때문이다.

두 번째로 현재의 삶에 집중하는 것이다.

과거는 이미 지나간 것이기에 그 흔적에 끄달리지 않고, 지금 이 순간을 즐겁게 감사하며 수용하는 것이다. 삶의 우연성이나 불확실성에 저항하지 않고 이에 수반되는 슬픔과 기쁨을 담담하게 받아들이고 싶다. 앞으로 다가올 죽음까지도 두려워하지 않고.

마지막으로 나의 생각과 행동을 성찰하는 것이다.

기존의 관습과 제도, 규정에 따라 맹목적으로 사는 대신, 매 순간 깨어있는 의식으로 스스로 선택하고 판단하고 결정하며 살 것이다. 자연의 한 구성원으로서 자연의 순리에 따라 나를 돌아보며 살아갈 것이다.

이상으로 삶의 과제 열개를 그려보았다.

결코, 쉽지 않은 도전이다. 호흡을 가다듬고 어쩌면 다음 생에까지 이어질지도 모르는, 끝이 보이지 않는 과제를 주시한다.

내면에서 영혼의 소리가 들리는 듯하다.

귀를 기울인다.

"성숙한 영혼을 향하여
한 줌의 두려움 없이
기꺼이 직면하여 나아가라!"

세상 속 경이로운 나

세상은 경이로 가득 찬, 거대한 신비의 장이다.

살아갈수록 세상은 더욱 알 수 없는 것들로 나의 이성과 의식을 덮어버린다.

> 우주의 본질을 본다는 것은 인간의 모든 상식과 편견을 버리는 것이다. (중략) 지구가 지금 돌고 있다는 것을 우리가 체감할 수 없듯, 우주라는 커다란 세계는 우리가 직관적으로 이해할 수 없는 무수한 이야기들로 가득 차 있기 때문이나.
>
> (출처: 김상욱, 《떨림과 울림》, 동아시아, 2018)

20세기 첨단과학인 양자역학의 '불확정성의 원리'는 우리에게 '입자의 위치와 운동량을 동시에 정확히 측정할 수 없다'고 말한다. 즉, 나무를 보면 숲이 보이지 않고, 숲을 보면 나무가 보이지 않는다는 격이다. 이 무지(無知)는 실험장비나 감각기관의 부정확성 때문에 생기는 것이 아니라 자연의 근본원리로서의 무지, 본질적인 무지다.

또한 물리학자 닐스 보어는 '대립적인 것은 상호보완적인 것이다(Contraria sunt Complementa)'라고 했다. 역시 쉬 이해하기 어려운, 신비로운 말이다. 이 상보성(相補性)은 음양, 밤낮, 흑백, 유무, 생사, 선악, 시비뿐 아니라 육체와 정신 등 대립적인 두 개의 대상이 상호보완하여 하나의 사물이나 세계를 형성한다는 원리이자 자연의 근본원리이기도 하다. 이는 동양 철학인 주역의 원리와도 유사하다.

문득 아우구스티누스의 일침이 떠오른다.

> 겸손함이 있는 곳에 장엄함이 있고, 약함이 있는 곳에 강함이 있으며, 죽음이 있는 곳에 생명이 있다. 그러니 후자를 갖고자 한다면 전자들을 우습게 여기지 마라.

불현듯 주역의 원리를 더 공부하고 싶었다. 지금 공부하지 않으면 언제 또 공부해볼 것인가. 나의 못 말리는 호기심이 작동했을까? 당장 도서관으로 달려가는 나를 본다.

한때 형이상적(形而上的)인 것에 대한 호기심에 이끌려 도서관 책상머리에 머리를 박고 심취하던 시절이 떠오른다.

나는 누구인가? 어떻게 살아야 하는가? 하늘의 이치를 따지고 도(道)란 무엇인가? 등등 물음에 골몰했었다. 이런 경험은 나뿐 아니라 인간이면 누구나 한 번쯤 고민해보는 자연스러운 현상일 터이다.

이 광활한 우주에 과연 인간이 생각하는 이상적이고 보편적인 삶의 목적이나 의미는 뭘까? 시대를 관통하는 절대적인 진리나 도, 칸트가 얘기했던 정언명령 같은 법칙을 찾기 위해 얼마나 많은 사람이 고뇌했던가.

하지만 신비한 우주에는 인간이 찾아 헤매왔던, 누구에게나 어디에서나 적용되는, 거창하고 심오한 삶의 의미나 가치는 눈에 띄지 않았다. 그러나 인간은 여기에서 포기하지 않았다. 각자 삶의 조건과 경험에 따라 주관적으로 저마다의 삶의 의미와 가치를 부여하지 않을 수 없었다.

무의미하고 가치 없는 삶은 의미를 추구하는 인간에게는 바람직한 선택지가 아니었다. 일상의 소소하고 평범한 경험 속에서도 자신만의 관점으로 부여한 의미와 가치에 따라 살려고 하는 존재가 바로 인간이기 때문이다.

인류 문명사를 보더라도 이런 인간의 특성에 힘입어 예술을 창조하고 종교를 만들고 사상을 탐구하고 문명을 구축하게 된 게 아니겠는가.

나 역시 삶의 의미를 찾는 과정에서 적지 않은 시간과 노력의 대가를 치른 것 같다.

보이는 것보다 보이지 않는 것에 대한 호기심은 종교나 철학 그리고 음악, 미술 등 예술에까지 이어져 관심의 폭과 깊이를 더해갔고, 먹고사는 현실적인 문제보다는 어떻게 살아야 하는가, 라는 삶의 의미와 가치를 더욱 중시하게 되었다. 대학 도서관에서 대부분의 시간을 이 분야의 책을 읽는 데에 쏟았다.

몇 해 전 S 사이버대학에서 심리학 공부를 하며 내가 누구인지, 나를 다시 들여다보게 되었다.

심리학자 융의 심리이론에 근거하여 만들었다는, 성격유형을 측정하는 MBTI 검사를 하게 되었는데 총 16개의 성격유형 중 INFJ라는 유형이 나왔다. 총괄적으로 '통찰력이 있는 선지자, 예언자 형(型)'이라고 했다.

해설서를 보면, 집에서 혼자 책 읽고 그림 그리는 등 현대 북유럽 정서를 가졌으며 호기심과 열정이 있고 몽환적이고 신비로운 것, 완벽주의적인 것을 추구한다고 한다. 한편으로 직관력과 공감능력이 뛰어나고 시적이고 창의적이라고도 한다. 반면에 민감하고 강박적 불안에 빠지기 쉬워, 16개 성격유형 중 우울증에 걸릴 확률이 가장 높다고도 하였다.

내 성격을 좀 더 알고 싶어 구체적으로 분석한 내용을 찾아봤다.

몇 가지 특이한 내용이 나의 관심을 끈다.

먼저 이 성격이 16개 성격유형 중 가장 드물고 특이한 유형의 성격이었다.

수십 년을 함께 살아온 나 자신도 제대로 알지 못하는 성격이니 그럴만하다고 생각했다. 그런데 더욱 놀라운 것은 역사상 인물 중 이러한 유형이라고 생각되는 대표적인 인물로 예수와 히틀러를 제시하고 있다는 점이다. 역사상 사랑의 화신과 악의 화신이라고 일컬어지는 사람이 같은 성격유형이라니!

잠시 멍했다. 극단적인 것은 결국 하나로 만난다고 했던가.

이 성격은 남을 돕는 가장 이타적인 면을 가지고 있지만, 한편으로는 가장 폭력적이기도 한 위험을 동시에 내포하고 있는 독특한 성격이었다.

하지만 예수와 히틀러의 삶을 극단적으로 만든 원인은 성격유형 자체가 아니라 시대적 환경과 세상을 인식하고 수용하는 관점의 차이에 있었던 게 아닐까?

"악이란 시스템을 무비판적으로 받아들이는 것이다. 악의가 없어도 누구나 악인이 될 수 있다"라고 독일 철학자 한나 아렌트(Hannah Arendt)는 말했다. 세상을 엄정한 자기성찰이 없이 맹목적으로 수용하면 평범한 사람도 악인이 될 수 있다는 것이다.

구체적으로 알아갈수록 성격유형이 의미하는 근본적인 정체성은 더욱 모호해지고 불투명해진다.

그렇다! 한편으로 보면 당연한 건지도 모른다.

한 사람의 성격은 그 사람만의 경험과 생각과 의식이 총체적으로 어우러져 형성된 결과이며, 끊임없이 변하는 하나의 유기체와 같은 것인데, 이것을 인위적으로 몇 개의 카테고리에 끼워 넣어, 제한된 언어의 틀로 개념 짓고 분별하여 분류하기 때문이다.

한 가지 깨달음이 왔다.

세상의 모든 인간은 몇 개의 단어로 정의하고 규정할 수 없는 신비롭고 신성한 존재이다. 우리의 제한된 감각과 인식 너머, 온 우주의 역사와 신비를 담고 있는 거룩한 존재인 것이다.

이 신비롭고 아름다운 지구에서 호기심 어린 눈빛과 설렘을 가지고 미지의 나를 경험하며 알아가고, 만나는 존재들과 공감하고 사랑하며 살아가고 싶다.

그리고 나에게 부여된 나만의 독특한 성격의 밭에 물과 거름을 충분히 줘서 잘 가꾸어나가고 싶다. 이 밭은 통찰력과 직관력의 영양분을 듬뿍 가진 땅으로서 내가 좋아하는 책 읽고 글을 쓰는 일을 하는 데 천혜의 환경을 제공하고 있다. 게다가 인류의 거룩한 성자로서 이타적인 사랑을 몸소 실천하신 예수님과 같은 마음의 밭을 가지고 있으니 이 얼마나 살 떨리는 하늘의 선물인가?

이제 모든 것은 내 안에 갖춰졌다.
더 이상 바깥에서 찾아야 할 것은 없다.

이 신비로운 세상에서 경이로운 나를 온전히 경험하고,
사랑하며, 나다운 삶을 살아갈 뿐이다.

주역의 매력에 빠지다

도서관에서 빌려 온 주역 관련 책들로 두문불출하며 온종일 주역의 정원에서 놀았다. 아인슈타인은 주역에 심취해서 말년에는 머리맡에 주역을 놔둘 정도였고, 공자는 만년에 주역 책을 얼마나 읽었던지 위편삼절(韋編三絶)까지 하였지만 죽음을 앞두고 "하늘이 내게 몇 년 더 살게 해준다면 주역을 더 배우고 싶다"라고 하였다. 도대체 주역이란 게 뭐길래?

지난날을 돌아보면 나도 한때 역학에 심취했던 적이 있었다.

대학 다닐 때는 성명학에, 퇴직 후엔 사주학에 빠져, 마치 우주의 신비로운 비밀을 엿보는 듯하여 짜릿한 쾌감을 맛보기도 하였다.

성명학을 공부할 때는 학교 도서관에서 우리나라 행정부 고위 공무원 인명부를 뒤져 그들의 성명 획수를 분석하여 출세의 숫자 비밀을 캐내기도 하였다. 비록 단편적인 통계에 지나지 않았지만 운명의 비밀을 알아낸다는 것은 살 떨리는 경험이었다.

그리고 사주학은 대구의 한 대학 교수님으로부터 서너 달 배웠는데 열심히 공부했던 기억이 새롭다. 오행(五行)의 상생상극(相生相剋), 천간(天干)과 지지(地支)의 삼합(三合)과 육충(六冲), 지장간(地藏干), 십성(十性)의 원리를 길을 가면서도 읊조리며 외웠다. 나중에는 실제 인물 사례분석을 하며 사주 명식(四柱 命式)을 세우고 용신(用神)을 찾고 성격과 심리분석을 하고 대운과 세운을 찾아가는 과정에서 희열을 느끼기도 했다.

하지만 이 공부를 하면서 족집게 도사가 되기를 원하지는 않았다. 다만 사주 공부를 통하여 한 인간의 삶의 개괄적인 흐름을 읽어내는 것으로 만족할 뿐이었다.

공부를 하면 할수록 의문들이 고개를 들기 시작했다.

태어나 한번 결정된 네 개의 기둥(四柱)만으로는 매 순간 끊임없이 변하는 환경과 자유의지의 다양한 변수를 모두 수용하여 풀 수가 없었다. 설사 현재는 그럭저럭 맞는다고 해도 예측할 수 없는 다양한 상황 변화나 의지의 변화에는 속수무책이었다.

역학의 기본 바탕에는 만물은 고정된 것이 없이 변화한다는 사상이 전제되어있는데, 마치 고정된 정답을 찾으려는 공부는 자기모순이 아닐 수 없었다. 그래서 나는 이 공부를 미련 없이 중단하였다.

도출된 명식의 해석을 고정된 것으로 생각하여 안도하거나 불안해하며 살기보다는, 매 순간 직면하게 되는 상황을 기꺼이 수용하며 최선을 다해 능동적으로 대응해가는 것이 자연의 이치에 부합하다는 것을 깨닫게 된 것이다.

그래서 몽테뉴 선생도 무상(無常)한 현실을 통찰하여 "나는 모른다"라고 되뇌며 겸손하게 판단유보(에포케)의 자세를 견지하였던 게 아닐까.

나는 이제 느지막이 주역의 문을 두드리게 되었다.

주역은 만물의 이치를 규명하는 학문이다. 그런데 만물은 고정되어있지 않고 때와 장소에 따라 변화한다. 주역은 바로 이 변화를 예지해주는 것이다.

세상은 의미로 가득 차있다.

주역학자 김승호 선생은 그의 책《새벽에 혼자 읽는 주역인문학》(다산북스, 2015)에서 '인생이란 하늘이 만들어낸 세계에 참여하는 행위인데 하늘의 섭리에 따라 살기 위해서 주역의 괘상(卦象)을 해석하면 미래를 유추할 수 있어서 하늘의 뜻을 깨달아나갈 수 있다'고 하였다. 무엇보다도 주역에 매력을 느끼는 점은 다양한 일상의 상황 속에서 시시각각으로 변하는 주역의 괘상을 해석하여 흐름을 읽고 적합하게 대처할 수 있는 지혜를 제공한다는 것이다.

좋은 사례가 심의용 교수의《시적 상상력으로 주역을 읽다》(글항아리, 2016)라는 책에 담겨있어 간단히 인용해본다.

당나라 시인 유종원의 〈강설(江雪)〉이라는 시가 있는데 '산에는 새도 없고 길에는 사람도 끊겼는데 삿갓 쓴 노인이 눈 내리는 강에서 홀로 배를 타며 낚시질을 한다'는 내용의 시다. 이 시의 신비로운 정경의 이미지를 남송시대 마원의 〈한강독조도(寒江獨釣圖)〉나 조선시대 최북의 〈한강조어도(寒江釣魚圖)〉 등 수많은 화가들이 그림으로 묘사하기도 했다.

저자의 선생님은 이 시나 그림을 볼 때마다 주역의 '지뢰복(地雷復)'이라는 괘를 떠올렸다고 했다. 낚시하는 노인을 보고 음의 기운이 가득한 겨울 속에서도 따뜻한 생명력이 충만한 양의 기운을 회복한다는 괘가 생각났다는 것이다. 이 괘의 해석에 빗대어본다면 강태공이 위수(渭水)에서 낚시를 하다 인재를 찾던 주나라 문왕이 그를 보고 재상에 등용했다는 일화에도 고개가 끄덕여진다. 강태공은 고기를 잡으려는 것이 아니라, 때를 기다리며 생명력을 길어 올리고 있었던 게 아닐까?

이렇게 주역을 공부한 사람은 맞닥뜨리게 되는 현실의 상황에 따라 주역의 괘를 떠올리며 삶의 지혜로 삼고 있었던 것이다.

문득 조선 후기 초야에 묻혀 살았던 선비들의 얼굴이 떠오른다.

자신의 재능에도 불구하고 쉽사리 인재 등용이 되지 않았던 조선의 수많은 선비의 마음속에서는 주역의 '지화명이(地火明夷)'라는 주역의 괘를 떠올리며 현실의 어려움을 알고 올바름을 굳게 지켜나가지 않았을까, 생각해본다.

밝은 지혜와 입신양명의 의지가 캄캄한 땅속에 묻혀있는 이 괘에 대하여 '현실을 외면하지 말고 냉정하게 직시하며 부드러움과 유연함을 가지고 밝음을 어둡게 감추라'는 해석을 음미하며 위안을 받았을 것 같다.

이 주역의 해석은 청나라 정섭의 '똑똑함을 자랑하지 말고 겸허히 자신을 낮추라'는 '난득호도(難得糊塗)'의 처세나 노자의 '참으로 잘 하는 것은 어딘가 서툴러 보인다'는 '대교약졸(大巧若拙)'의 이치와도 일맥상통한 의미심장한 것이다.

수천 년의 우리 조상들의 생생한 지혜가 녹아있는 주역 공부를 하면서 세상 만물의 순환 이치를 하나씩 터득해간다면, 나의 일상의 삶은 더욱 지혜롭고 여유롭게 변할 것이다.

가슴이 설렌다.

망각의 역설

점심을 먹고 따사로운 겨울 햇살을 만끽하며 산책을 즐기고 싶었다.

가벼운 옷으로 차려입고 학의천으로 향한다.

24절기 중 마지막 대한을 넘기고 이제 입춘이 코앞이다. 천변은 벌써 오가는 사람들로 붐비고 있었다. 주인과 함께 산책 나온 몰티즈의 살랑이는 귀와 킁킁대는 코는 쉴 새 없이 바쁘다. 후각을 은은하게 자극하는 봄 내음에 마음은 설레고 발걸음은 더욱 활기차다.

문득 아침에 글을 쓰다 말았던 일이 생각났다.

글 속에서 떠올린 이미지에 해당하는 단어가 얼른 생각나지 않아 오랫동안 씨름하다 결국 포기하였던 터였다. 대뇌에서는 미해결 과제를 지금 해결하라고 은근히 닦달한다.

나이 들어 기억력이 점차 쇠퇴한다.

평소 같으면 쉽게 떠올릴, 너무나 뻔한 단어인데 혀끝에서만 맴돌

뿐, 도무지 입 밖으로 나올 생각을 안 한다. 한참을 생각하다 속으로 껄껄 웃으며 잠시 생각을 접고 만다. 이게 나이 들면 찾아온다는 건망증이라는 건가? 아니면 치매의 전조현상인가? 허탈감이 소리 없이 밀려온다.

그러다 문득 이런 생각이 들었다.

'생각이 안 나면 어때?'

찾고 있던 단어가, 지식 쪼가리가 지금, 당장 생각나지 않더라도 살아가는 데 전혀 지장이 없을 터이고, 굳이 알고 싶으면 인터넷 검색으로 알 수도 있으니 약간의 불편만 감수하면 그만이 아닌가.

하지만 이런 건망증이 자주 일어난다면 망각이 자연스럽게 고착될지도 모른다. 그렇다면 어떻게 대처해야 하나? 걱정스럽기도 하다. 그러나 이런 생각도 들었다.

'그동안 나는 알량한 지식 때문에 과거의 선입견이나 편견에 사로잡혀 지금 여기 '있는 그대로'를 보지 못했던 경험이 많지 않았던가?

이제는 나이 들어가면서 어설픈 앎이나 불필요한 지식 따위는 하나씩 잊어버리고 사는 것이 더 지혜롭지 않을까? 어쩌면 망각도 나이 들어 신이 주는 자연스러운 선물일 줄도 모른다.'

남들이 들으면 엉터리 자기 합리화로 생각하기 딱 좋은, 한낱 궤변일지도 모른다.

영국의 옥스퍼드대 쇤베르거 교수는 이렇게 망각의 이점을 말하였다.

> 인간은 망각을 통해 과거에 사로잡히지 않고, 새로운 인식의 지평을 열어 행동할 수 있는 자유를 얻는다.
>
> (출처: 빅토어 마이어 쇤베르거, 《잊혀질 권리》, 구본권 역, 지식의 날개, 2011)

그는 인간의 뇌 구조는 망각이 일반적이며 자연스러운 일이고, 기억은 예외적이라고 한다. 그러나 인터넷 등 디지털 기술과 글로벌 네트워크 때문에 이 균형이 역전되면서 사회문제가 발생하게 되었다고 주장하였다.

나이 들어 시력과 청력이 떨어지는 현상을 세상에 대한 관심을 줄여 바깥보다는 마음속을 더 들여다보라는 메시지로 좋게 생각하여 자연스러운 일로 편하게 받아들인다는 내용의 글을 언젠가 썼던 적이 있다.

망각 역시 그런 맥락으로 받아들여 불필요한 지식을 하나씩 지워버리는, 비움의 도리를 실천하는 것으로 편하게 생각하고 싶다. 다만 뇌의 노화에 따른 치매만은 겪고 싶지 않아서 책 읽기와 걷기는 게으름 피우지 않고 꾸준히 실천할 것이다.

완벽한 인간은 없다.

누구나 살다 보면 어쩔 수 없이 실수하게 된다. 상대로부터 마음의 상처를 받기도 하지만, 상대에게 폐를 끼치고, 상처를 주고, 오해나 원한까지 사게 되기도 한다.

이럴 경우, 내가 생각하는 지혜로운 대처 방안은 이것이다.

내가 상대로부터 받은 불편한 기억은 가능한 한, 빨리 지워버린다. 그리고 상대에게 주었던 불편한 기억은 망설임 없이 반성함으로써 자책감에서 빨리 벗어나는 것이다.

지난 과거를 곱씹음으로써 자신을 죄책감에 휩싸이게 하는 것은 자신을 무력화시키고 진정으로 자신을 사랑하지 못하는 행위이기 때문이다. 반면에 상대에게 불편을 주거나 받은 부정적인 기억의 씨앗을 서둘러 거둬들이는, 자발적인 망각을 습관화하는 노력을 하게 된다면, 우리는 자기중심적 이해타산에서 한 걸음 빗어나 타인에 대하여 공감과 배려, 관용의 마음을 더 낼 수 있고, 상대를 부정적인 선입견에서 벗어나, 좀 더 '있는 그대로' 볼 수 있을 것이다.

하지만 나의 경험으로 봤을 때 자발적인 망각은 생각보다 쉽지 않았다. 잊어버리려고 하면 할수록 더욱 완강한 저항에 부딪히기 쉽다. 망각하려는 생각에 집착하기 때문이다. 현재에 집중함으로써 과거를 가볍게 흘려보내는 훈련이 필요하다. 시간과 인내를 가지고.

문득 겨울을 나는 다람쥐 이야기가 머리를 스쳐 지나간다.

다람쥐는 겨울을 나기 위해 도토리를 주워 여기저기 땅속에 묻어두지만, 묻어둔 모든 곳을 다 기억하지 못하여 상당량의 도토리를 찾아내지 못한다.

한편 다람쥐가 망각하고 있었던 도토리들은 땅속에서 겨울을 나다가 새봄에 싹을 틔우고, 또 한 그루의 도토리나무로 성장하여 결과적으로 다람쥐가 먹이를 안정적으로 취할 수 있게 되는 것이다.

혹시 다람쥐가 본능적으로 생존을 위해 자발적 망각을 한 것은 아닐까?

알 수 없다. 이것이야말로 망각이 선물한 기막힌 역설 드라마다.

이제 나 역시 망각을 안타까워하는 대신, 신이 나에게 주는 선물로 생각하고 감사하는 마음으로 편하게 받아들이며 살아가련다.

기적이 다가오다

얼마 전 책에서 읽었던 글귀 하나가 머릿속을 맴돈다.
유전병을 앓고 있는 환자에게 어느 의사가 했다는 말이다.

> 이 병 때문에 환자분 부모님도 똑같은 고생을 하셨네요.
>
> (아주대 내분비과 김대중 교수가 한 말)

이 한마디 말을 듣고 환자는 생각했다.

> 우리 부모님도 한평생 이 병 때문에 힘드셨겠구나! 지금까지 버텨 오셨네.
>
> (출처: 김경일, 《적정한 삶》, 진성북스, 2021)

이 한마디 말에 환자는 부모님을 생각했고 부모님에 대한 연민의 마음을 갖게 되었다. 하마터면 자신의 병을 저주하고 부모님을 원망

할 뻔했던 것을 의사의 말 한마디에 도리어 부모님에게 연민의 눈길을 보내게 된 것이다.

기적이다!

가슴속 차디찬 원망 덩어리를 따듯한 연민으로 바꿔버린 기적이 일어났다. 예수님의 오병이어(五瓶二魚)의 기적만 기적이 아니었다. 예수님은 눈에 보이는 물질로 수많은 사람에게 한나절의 배부름을 가져다준 기적을 보여주셨지만, 이 의사는 눈에 보이지 않는 것으로 오직 한 사람이지만 평생 원망의 허기로부터 구출해준 것이다. 이 또한 기적이 아니고 뭐겠는가.

기적은 요란한 팡파르를 울리며 극적으로 찾아오기보다는 오히려 일상의 평범한 일들을 통해서 소리 없이 다가오는 게 아닐까?

민둥산에 매일 한 그루의 나무를 심어서 울창한 산림을 만들었다는 기적을 떠올리지 않더라도, 한겨울엔 미동도 없이 잔뜩 움츠리고 있다가 봄이 되어 일제히 꽃망울을 터뜨리는, 평범한 듯한 이 자연의 섭리야말로 기적이 아니고 뭐겠는가.

매일 단조롭게 반복되는 평범한 일상 속에서나 자연의 미묘한 변화에서도 이렇게 설렘과 기적의 환희를 맛볼 수 있는 것이었다.

'작은 말 한마디가, 일상의 사소한 행동 하나가, 조용히 소문도 없이 한 사람의 삶을 좌우하고, 나아가 집단의 변화에 영향을 미친다면, 내가 타인에게 상처 준 한마디의 말 역시 한 사람의 일생을 망

쳐버리게 하는 저주가 될 수도 있겠구나!'

작은 깨달음이 왔다. 나를 새삼 되돌아본다.

아마도 살아오며 알면서 모르고서 내뱉은 수많은 말 중에는 비수가 되어 상대의 가슴을 후벼 파는 아픔을 준 말도 있었을 터이다. 회한이 밀려온다. 조용히 눈을 감는다.

문득 내면에서 한 소리가 들려온다.

루마니아 태생으로 노벨평화상(1986년)을 수상한 유대계 작가로 15세 때 아우슈비츠 및 부헨발트 강제수용소에 끌려가 거기서 부모와 두 누나를 잃었던, 엘리 위젤이 나의 손을 잡으며 나직이 속삭인다.

> 괜찮아요. 그렇게 괴로워하지 말아요. 우리는 애초에 완벽한 존재가 아닙니다. 우리는 불안전한 인간이며 우리가 가진 인간성 안에서 매일 조금씩 더 나아지는 겁니다.
>
> (출처: 엘리 위젤, 《니의 기억을 보라》, 우진하 역, 쌤앤파커스, 2020)

순수의식으로의 참나(眞我)는, 삶을 경험하고 있는 '나'를 용서하기로 한다. 그동안 내가 저지른 죄뿐 아니라, 어떤 형태로든 나에게 상처를 준 사람들의 죄까지 용서한다. 한 점의 찌꺼기도 남기지 않고.

이 성찰의 기도는 변화시키는 힘이 있다.

기도는 상황을 변화시키고 기도하는 사람을 변화시킨다. 세상에서 다양한 삶을 체험하며 배우고 깨달아가는 '나'는 이제 또다시 새롭게 태어난다.

'지금의 나'는 '어제의 나'가 아니다.

나의 탐진치(貪瞋痴), 욕심과 노여움과 어리석음은 녹아서 흔적도 없이 사라진다. 또 하나의 기적이 일어난다.

기적은 이렇게 소리 없이 나에게 손을 내밀었다.

세계적 물리학자 아인슈타인의 말이 큰 울림으로 성큼 다가온다.

> 인생에는 두 가지 삶밖에 없습니다. 한 가지는 기적 같은 건 없다고 믿는 삶이요, 또 한 가지는 모든 것이 기적이라고 믿는 삶입니다. 내가 생각하는 인생은 후자입니다.

용서의 진정한 의미는

용서는 왜 해야 하는 것인가?

까다로운 질문이다.

우리는 그냥 "용서하는 행위는 선하고 좋은 거니까, 혹은 부처님이나 예수님이 하라고 하시니까, 당연히 하는 게 좋은 것이다"라고 쉽게 이야기하곤 한다.

산책하는 내내 낮에 읽었던 책 속 한 줄의 글이 머릿속을 맴돈다.

> 용서하는 것은 죄수 한 명을 풀어주는 것이며,
> 그 죄수가 너였다는 것을 알라!
>
> (출처: 루이스 스미디스, 《용서의 미학》, 이여진 역, 이레서원, 2005)

용서란 상대를 죄책감에서 벗어나도록 관용을 베푼다는 데 있다기보다는, 다른 사람의 잘못으로 입은 나의 내적 상처를 치유하는 데 그 의미를 둔다는 말이다.

그리고 용서는 누가 하는 것인가?

문득 전에 봤던, 이청준 작가의 〈벌레 이야기〉를 영화화한 〈밀양〉이라는 영화의 한 장면이 떠올라 다시 한번 스스로 물어본다.

자신의 아들을 죽인 살인범을 종교적 사랑의 마음으로 용서하려고 했더니, 그 살인범은 이미 종교에 귀의하여 자신의 죄를 용서받고 마음의 평정까지 얻게 되었다는 걸 알게 된다. 소설에서 죽은 아들의 엄마는 이 사실에 더욱 마음의 충격을 받고 고뇌와 갈등으로 절규하다가 결국 살인범의 가증스러움에 분노와 충격으로 자살을 한다.

나는 이 이야기를 읽고 가슴이 미어지고 슬퍼서 한동안 멘붕이 왔던 기억이 새롭다. 예수님이 어떤 분이기에 이 고통받고 있는 여인을 대신하여 살인범을 용서한단 말인가? 용서란 상처를 입은 당사자만이, 신 앞의 단독자로서 철저히 상처와 분노를 직면하여 괴로워하고 고뇌한 끝에, 결단할 수 있는 행위가 아닌가?

책에서 신학자인 저자 스미디스는 용서의 의미를 이렇게 조명하였다.

> 용서를 하면서 우리는 용서받는 사람의 연약하고 부족하고 멍든 인간성을 다시 발견하고 복수에 대한 생각을 접는다. 우리는 불한당이었던 상대를 동료로 대하게 되고 그의 행복을 빈다. (중략) 용서야말로 나쁜 과거의 불평등한 속박에서 벗어날 수 있는 유일한 길이다.
>
> (출처: 루이스 스미디스, 《용서의 미학》, 이여진 역, 이레서원, 2005)

현실적으로는 결코 쉽게 마음을 낼 수 없는, 교과서적인 말이라는 느낌을 지울 수 없다. 어떻게 현실적으로 이런 고상하고 성스러운 마음을 낼 수 있을까? 나름대로 실천방안을 몇 가지 생각해본다.

먼저 상대의 본성을 긍정적으로 이해하려는 마음을 갖는 것이다.

천문학자 칼 세이건이 '햇살에 흩날리는 먼지'라고 했던 이 행성에서 상대도 나와 같이 행복하기 위해 애쓰며 살아가는 존재임을 인식하는 것이다. 모든 인간의 진정한 본성은 친절하고 배려심 많으며 우호적이라고 믿는다면, 우리는 겉으로 드러나는 상대의 모습이나 행위만으로 쉽사리 편견이나 혐오감을 갖고 상대에게 악의적 판단을 하지 않을 것이다.

네덜란드 언론인이자 사상가인 '뤼트허르 브레흐만'은 그의 책 《휴먼카인드》에서 세계 각국에서의 다양한 사례들을 들면서 "우리는 흔히 두려움, 의심, 고정관념을 토대로 잘 알지 못하는 사람들의 겉 행동만을 보고 지나치게 일반화하는 잘못을 범한다”라고 지적했다.

그는 호모 사피엔스의 20만 년의 오랜 기간의 진화과정 속에서 19만 년은 전쟁도 압제도 없는 평화시대였다고 하면서 ‘인간은 원래 선한 본성을 가지고 있다’고 주장한다. 그렇다면 우리는 인간의 본래의 선한 본성을 되찾기 위해서 서로 신뢰하고 공감하는 노력을 아끼지 말아야 할 것이다.

다음으로는 다른 사람을 용서하는 것은 실질적으로 우리 자신에게 이익이 된다는 것을 인식하는 것이다.

달라이 라마는 “용서는 그들을 향한 미움과 원망의 마음에서 스스로를 놓아주는 일이기에, 용서는 자기 자신에게 베푸는 가장 큰 자비와 사랑이다”라고 말했다.

그렇다. 용서는 궁극으로 나 자신을 사랑하는 행위라는 통찰이 온다. 《휴먼카인드》에 쓰여있는 글을 인용해본다.

> 용서하는 것은 반목하고 원한을 품는 데 더 이상 에너지를 낭비하지 않게 해주기 때문에 우리 자신에게 이익이 된다. 그것은 선물일 뿐 아니라 좋은 거래이기도 하다. 사실상 당신이 스스로 살기 위해 풀어주는 것이다.
>
> (출처: 뤼트허르 브레흐만, 《휴먼카인드》, 조현욱 역, 인플루엔셜, 2021)

마지막으로 자신에 대한 성찰이다.

나 역시 세상을 살아오면서 알든 모르든, 수많은 사람에게 고통과 상처를 주었다는 자각이다.

세상에 완벽한 사람은 없다.

누구나 실수를 범하고 본의 아니게 남에게 상처를 주거나 혹은 받으며 살아간다. 이렇게 살아가는 것이 바로 우리의 보편적 삶이 아닐까?

또 우리의 삶은 변화무쌍하기에 설사 과거에 실수를 저질렀다 하더라도 우리가 성찰하고 노력한다면 좋은 삶으로 다시 거듭날 수 있다. 이렇게 우리는 시행착오를 경험하며 배우며 살아가는 것이다.

누군가 말했다. 우리의 삶은 막 움트기 시작한 싹눈 위에 버티고 있는 단단한 대지와 같이 힘든 것이라고. 이 힘들고 불확실성의 시대를 살아가는 지금, 우리는 과거 어느 때보다 가슴을 활짝 열고 상대를 신뢰하며 따뜻한 손을 내밀고 도우며 살아야 한다.

책에서 읽은 한 사회복지사의 감동적 사례를 음미하며 나를 돌아본다.

한 젊은 사회복지사가 직장에서 지하철을 타고 귀가하던 중, 손에 칼을 든 10대 젊은이를 만났다. 그는 그냥 지갑을 줘버렸다. 그리고 밤새 강도질을 할 거라면 추울 텐데 내 코트까지 가져가라고 한다.

젊은이는 왜 이런 짓을 하느냐고 묻는다. 그는 이렇게 대답한다.

“몇 달러를 위해 기꺼이 자신의 자유를 걸다니! 네가 정말 돈이 필요한 모양이네. 내가 지금 저녁 먹고 싶은데 만약 네가 나랑 같이 가고 싶다면 대환영이다."

소년은 그의 제안에 동의했고 식당으로 같이 이동하게 되었다.

식당에서 웨이터들이 그들을 따뜻하게 맞아주었고 매니저가 잠시 들러 그와 잡담을 나눈다. 심지어 접시닦이도 그에게 인사를 한다. 소년은 식당 사람들이 모두 친절하여 놀란다. 식사를 마쳤을 때 계산서가 도착했다.

그는 소년에게 말한다.

"지갑이 없으니 네가 지불해야겠네. 내 지갑을 돌려준다면 내가 기꺼이 사겠다."

결국 그가 계산을 하고 소년에게 20불을 줬다. 칼을 자기에게 넘기라는 조건으로.

나중에 어느 기자가 그에게 왜 그랬냐고 물었을 때 그는 이렇게 말했다.

"아시다시피 당신이 사람을 올바르게 대하면 그들도 당신에게 그렇게 대할 것이라고 희망할 수 있으니까요. 이 복잡한 세계에서도 통하는 이치죠,"

콧등 시큰한 감동이 왔다.

한 편의 아름다운 명화를 본 듯 마음이 충만한 기쁨으로 벅차오른다. 이 설렘을 오랫동안 즐기고 싶어 그가 한 행동을 천천히 리뷰해 본다.

그는 분명 인간의 본성이 선함을 확신하는 듯하다.

이 소년의 겉으로 나타난 행동만으로 나쁜 사람으로 단정 짓지 않고, 소년의 처지를 이해하며 지금은 힘들어서 이런 짓을 하고 있지만, 잘 인도한다면 본래의 선한 본성을 되찾게 되리라고 생각한 것이다.

또한 그는 이 소년에게 어떻게 살아야 하는지를 말이나 장황한 이론이 아닌 실제 행동으로 보여줌으로써 소년에게 큰 교훈을 주었다. 이 교훈은 소년에게 평생을 두고 결코 잊을 수 없는, 영혼을 정화시키는 생명수가 될 것이다.

그는 열린 가슴으로, 자칫하면 악의 구렁텅이에 빠질 뻔한 이 소년을 건져서, 새 생명으로 거듭나게 한 것이다.

아직도 세상에는 나쁜 사람보다는 좋은 사람이 더 많은 것 같다.

살만한 가치가 충만한 곳이다.

발걸음이 한층 가벼워졌다.

지혜로운 삶이란

책에서 멘토들은 한결같이 지혜롭게 살라고 얘기한다.
지혜로운 삶은 어떻게 사는 것일까?

그들이 하는 말이 머릿속에서는 이해가 되는데, 과연 일상 현실에서 어떻게 구현하는 것일까, 산책하는 내내 화두가 되었다.

지혜의 사전적 의미는 '사물의 이치를 깨닫고 정확하게 처리하는 정신적 능력'이라고 되어있다. 너무 포괄적이고 복합적인 개념이다. 내가 생각하는 지혜로움의 특징 세 가지를 나름대로 정리해본다.

먼저, 문제의 본질을 통찰하는 능력이다.

우리가 살면서 맞닥뜨리는 문제에 대한 완벽하고 유일한 정답은 없다. 상황은 쉴 새 없이 변하고 우리는 미래를 예측할 수 없다. 그러니 어떤 대응책도 완벽하지는 않다. 그리고 현실에서 마주치는 상황은 보는 관점에 따라 다중(多重) 해석이 가능하며, 어떻게 해석하느냐에 따라 각각 다른 대응을 하게 된다.

그래서 우리는 상황에 대한 유연한 사고와 긍정적인 해석으로 현실을 판단하는 안목을 가져야 하고, 당장 눈앞의 이해관계보다는 좀 더 깊고 넓은 시야로, 나무보다는 숲을 보는 통찰이 필요한 것이다.

다음으로 냉철한 이성으로 판단하는 능력이다.

경험에서 나온 막연한 선입견이나 일시적인 감정이나 충동에 휩싸이지 않고, 또 미래에 대한 근거 없는 불안에서 벗어나 현재를 직시하여 최선의 선택을 하는 능력이다. 그러기 위해서는 왜곡 없이 현실을 인식하는 이성과 인내가 필요하다.

막연한 이론적인 이야기보다 눈앞에 그려지는 현실적 사례를 중심으로 살펴보는 것이 좋을 듯하다.

먼바다를 헤엄치다 험한 파도를 맞닥뜨렸는데 당장 주위의 도움을 받기 힘든 상황을 가정해본다.

내가 취할 수 있는 행동 세 가지를 생각해보면, 첫 번째 행동으로, 파도를 극복하기 위해 있는 힘을 다하여 파도를 거슬리며 헤쳐 나가는 것이다. 여기엔 강인한 체력과 굳센 용기가 필요하다. 실패했을 땐 가진 힘을 소진하게 되어 더 이상 버티지 못할 위험도 있다.

두 번째로 생각해볼 수 있는 행동에는 힘을 빼고 파도의 너울에 떠밀려가도록 몸을 맡기는 것이다. 파도가 잠잠해지면 다시 힘을 내어 헤엄쳐 나온다. 여기에는 파도가 곧 잦아질 거라는 믿음과 인내가 필요하다. 하지만 오랜 시간 파도가 쉬 잠잠해지지 않으면 저체

온증으로 생명이 위태로울 수도 있다.

마지막으로 생각해볼 수 있는 행동으로는 주위를 살펴 일단 파도의 물살이 약해진 곳으로 피신하였다가 파도가 잠잠해지면 다시 힘을 다해 헤엄쳐 나온다. 이런 결정을 하기 위해서는 정확한 상황 판단력이 필요하다. 하지만 마땅한 피신처를 찾기가 쉽지 않거나 피신처를 찾게 되더라도 외부의 도움을 받지 않으면 영원히 고립될 위험도 배제할 수 없다.

이러한 불투명한 현실 상황에서 정답은 없다.

주어진 상황에서 최선의 선택과 망설임 없는 실행만이 있을 뿐이다.

그러면 이 상황에서 최선의 선택을 위해서 어떻게 해야 할까?

먼저 지금의 힘든 상황이 얼마나 지속될 건지, 현 상황에 대한 정확한 판단 능력이 필요하다. 할 수만 있다면 하늘에 얼마나 먹구름이 덮여있는지, 새들의 이동에 어떤 변화가 있는지 등을 관찰할 뿐만 아니라, 현재 나의 체력으로 얼마나 오래 버틸 수 있을지, 조금 쉬게 된다면 회복하여 다시 헤엄칠 수 있을지를 따져보는 것이다.

무엇보다 중요한 것은 과거의 경험에서 비롯한 두려움이나 미래에 대한 막연한 불안이나 근거 없는 낙관에서 벗어나, 현실을 직시하고 냉철한 이성에 따라 판단하는 것이다.

여기에 적합한 실제 사례로 '스톡데일 패러독스(Stockdale paradox)'가 생각난다.

'제임스 스톡데일'은 베트남 전쟁 당시, 적에게 포로가 되었다가 살아난 미국 해군 장교였는데, 함께 포로수용소에 수감되었던 동료들은 수용소 생활을 견디지 못하고 대부분 죽고 말았지만, 그는 7년을 견디고 살아남았다. 그 이유는 이랬다.

죽은 동료들 대부분은 이번 크리스마스 전에는 나갈 수 있다고 믿다가 크리스마스가 지나가면 부활절 때엔 석방될 거라고 기대하고, 부활절이 지나가면 추수감사절을 손꼽아 기다리고, 다시 크리스마스를 마지막인 듯 간절히 기다리다, 끝나지 않는 전쟁의 상실감에 빠져 결국 자포자기했기 때문이었다. 그들은 근거 없는 낙관으로 인한 피해자였다.

그러나 '스톡데일'은 이번에도 나가기 힘들다는 객관적인 현실을 직시하고 냉정하게 받아들여 반드시 살겠다는 의지를 가지고 버텨나갔기 때문에 마침내 고국으로 돌아갈 수 있었다.

우리는 이 사례를 통하여 지혜로움이 어떤 것인지 배우게 된다.

합리적인 낙관주의 관점에서 잘될 거라는 흔들리지 않는 믿음으로 상황을 냉철하게 읽고 판단하여, 불확실한 상황을 버텨나가는 지혜다. 여기에는 인내와 용기가 필요하다. 물론 예상치 못한 상황으로 변한다면 유연한 사고로 판단을 수정해야 하겠지만, 최대한 근거 없는 낙관은 배제하고 현실적인 판단을 고수하는 것이다.

마지막으로 타인과 더불어 공감하고 연민을 느끼며 살아가는 능력이다.

세상은 나 혼자 살아가는 공간이 아니라 다양한 이해관계의 사람들과 한데 어울려 살아가는 곳이다. 지혜로운 사람은 더 자율적이고, 문화적 규범에 덜 구애받고, 타인 지향적이고, 이타적 성향을 더 잘 드러낸다고 심리학자들은 입 모아 주장한다.

인지심리학자 김경일 교수의 말을 경청해본다.

> 상위 0.1%의 비밀을 알기 위해 IQ, 성격, 부모소득, 인구통계학적 변이를 분석해 봐도 변별력이 없었다. 그러나 그들은 한결같이 이타성이 높았다. 상대의 상황을 이해하고 좋은 감정을 전달하는 능력이 뛰어났다.
>
> (출처: 김경일, 《적정한 삶》, 진성북스, 2021)

이러한 이타성은 중생대의 공룡과 함께 등장했던 악어나 빙하기에도 살았던 고대 생물인 늑대, 그리고 침팬지 등 지금까지 오랜 기간 살아남았던 동물 세계에서도 공통으로 볼 수 있었다고 한다.

어젯밤에 친구로부터 받은 카톡에 실린 글을 다시 한번 읽어본다.

> 녹명(鹿鳴)!
>
> 녹명이란 먹이를 발견한 사슴이 다른 배고픈 사슴들을 부르기 위해 내는 울음소리다. 세상에서 가장 아름다운 이 소리를 당신은 들어본 적이 있는가?
>
> 수많은 동물 중에서 사슴만이 먹이를 발견하면 함께 먹자고 동료를 부르기 위해 운다고 한다.

(중략) 《이기적 유전자》라는 책을 써서 세계적 스테디셀러 작가로 유명한 리처드 도킨스는 이렇게 말한다.

"남을 먼저 배려하고 보호하면, 그 남이 결국 내가 될 수 있다."

서로를 지켜주고 함께 협력하는 것은 내 몸속의 이기적 유전자를 지키는 가장 좋은 방법이며, 내가 잘살기 위해서는 남을 도와야 하고 결국 그것이 모두가 잘살 수 있는 유일한 길이라는 것이다.

이렇게 사는 삶이야말로 진정 지혜로운 삶이 아닐까?

꿈의 의미를 생각하다

지난밤 꿈에 대한 여운이 아직도 가시지 않고 있다.

나는 거의 매일 꿈을 꾸게 되는데 꿈은 왜 꾸는 것일까?

꿈은 나에게 무엇을 말해주는 것일까?

꿈의 구체적 내용에 대한 것도 궁금하지만 꿈을 꾸는 메커니즘이랄까, 작동 원리가 뭔지 궁금했다. 나의 못 말리는 호기심이 작동했다. 당장 알고 싶어 도서관으로 뛰어갔다. 꿈에 관한 두꺼운 책 세 권을 빌려 왔다.

이틀 동안 책 속에서 꿈만 생각하며 꿈꾸며 즐겁게 놀다 왔다.

내가 특히 관심을 가지고 놀며 생각했던 것은 두 가지다.

'꿈을 왜 꾸게 되는가?' 하는 것과 '꿈을 통해서 나는 무엇을 배울 수 있을까?' 하는 것이다.

먼저, 꿈을 꾸게 되는 작동 원리에 대하여 생각해본다.

꿈에 대한 가장 대표적인 이론을 전개한 사람은 심리학자 지그문트 프로이트다. 그는 꿈이란 현실 생활 속에서 좌절되고 억압된 욕망이 무의식에 저장되었다가 잠을 자는 동안 의식이 느슨해진 틈을 타서 생리적 현상으로 표출되는 것이라는 이론을 전개하였다. 즉, 꿈은 우리의 무의식적 욕구가 표출된 것인데 이 내면의 욕구는 뇌에서 검열, 응축, 자리바꿈 등을 통해 상징적으로 드러난다고 보았다.

카를 구스타프 융은 인간의 무의식 속에 인류의 근원적 체험의 원형이 존재한다고 보고 인간 무의식의 집단상징으로서 꿈을 꾸게 된다고 해석했다.

반면에 '꿈은 깨어있는 삶의 왜곡된 반영에 불과하다'는 주장을 하는 신경생물학자도 있었다.

이렇게 꿈에 대한 다양한 이론들이 있지만, 이들의 공통점은 꿈은 현재의 심리상태, 과거의 기억과 어제오늘 보고 들은 수많은 정보들이 무의식을 통해 빚어진 복합적인 결과물이라는 것이다.

최근 뇌과학의 발달로 최첨단 기법이 개발되어 꿈에 대한 새로운 연구 결과가 속속 발표되고 있다. 잠든 뉴런의 활동을 더욱 정확하게 측정하여 잠든 사이에서도 뇌에서 직접 꿈을 읽어낼 수 있게 되었다. 꿈은 이제 우리 무의식의 수수께끼를 푸는 열쇠이자 삶의 중요한 단서를 제공하는 것으로 부상되고 있다.

무엇보다도 새롭게 발견된 통찰 중 하나는 꿈이 미래를 살아가는데 도움을 줄 수 있다는 것이다.

독일의 생물물리학자인 슈테판 클라인 박사는 이렇게 말한다.

> 꿈꾸는 동안 우리의 능력은 확장되고 뇌가 변화한다. 말 그대로 잠을 자면서 배우고 밤중에도 성격이 발달한다. 꿈은 우리가 누구인지 어떤 가능성이 있는지도 보여준다. 우리는 꿈의 심연을 발견함으로써 나를 더 잘 이해하게 될 것이다.
>
> (출처: 슈테판 클라인, 《어젯밤 꿈이 나에게 말하여 주는 것들》, 전대호 역, 웅진지식하우스, 2016)

또한 꿈은 영혼의 상처를 치유하고 창조적 영감을 제공하기도 한다.

우리가 꾸는 악몽이 현실적일수록 영혼의 상처가 아직 아물지 않았을 가능성이 높지만, 반면에 이해하기 어려운, 강한 감정을 동반한 꿈은 영혼의 건강이 회복하는 중이라는 것을 알려주는 좋은 조짐의 꿈이라고 한다. 특히 스스로 꿈을 자각하며 꾸는 꿈인 '자각몽(自覺夢)'은 창조적 영감과 풍부한 통찰을 촉진하고 스트레스 완화 및 정서적 치유에도 도움을 준다고 한다.

비틀즈의 '폴 메카트니'는 1964년 어느 새벽, 꿈에서 예스터데이(Yesterday)의 멜로디를 듣고 유명한 그 노래를 작곡했고, 생물학자 '제임스 왓슨'은 꿈속에서 원형 계단을 보고 나서 유전물질 DNA의 나선구조를 깨달았다고 한다.

그뿐인가?

본 대학교 '아우구스트 케쿨레'는 꿈속에서 뱀 한 마리가 자기 꼬리를 문 모습을 보고 벤젠 분자가 고리형태인 것을 밝혀냈고, 주기율표를 발견한 러시아 화학자 '드미트리 멘델레예프'는 꿈속에서 원소를 배열한 표를 보고 깨자마자 일어나 본 대로 그 표를 기록했는데 나중에 고쳐야 했던 곳은 단 한 군데뿐이었다고 하였다.

이 외에도 많은 작가가 잠에서 깨어난 직후 새벽에 꿈같은 상태에서 글을 썼다고 증언하기도 했다.

카프카는 '꿈은 그 자체로 영혼의 언어'라고 말했고 《신》, 《개미》 등을 쓴 프랑스 작가 베르나르 베르베르는 방한했을 때 '예스24'와의 인터뷰에서 매일 잠에서 깨어나 전날 꾼 꿈에 대해 기록해두는데 이것이 소설 창작에 큰 원천이 되었다고 한 말이 기억난다.

이렇게 꿈은 우리를 치유하고 영감을 주며 내면적 삶을 더 잘 이해하게 해주는 것 같다. 그래서 꿈 해석 전문가는 꿈을 이렇게 함축적으로 정의했다.

> 꿈은 보물창고다. 당신의 정신(psyche)과 영(spirit) 안에서 길어 올리는 보물이다. 꿈은 내가 꼭 알아야 하는 것을 말해준다.
>
> (출처: 아테나 라즈, 《나는 왜 그런 꿈을 꾸었을까》, 김정은 역, 정신세계사, 2022)

나의 경우, 때때로 일상에서는 거의 알아채지 못하고 지나치게 된 미진한 부분이나 미완의 생각들이 꿈속에서 재인식하게 되어 해결되는 체험을 하곤 한다. 지금 생각해보니 이것은 분명 미해결된 일이나 관심거리가 잠재의식에 저장되어있다가 꿈을 통하여 해결책이나 메시지를 주는 것이었다. 책에서는 이러한 현상은 나의 내면 상태를 분석하는 뇌 중추가 수면 상태에서 활동이 더 강해지기 때문이라고 설명하였다.

고마웠다.

내가 해결하지 못하고 지나쳤던 것을 뇌가 잊지 않고 챙겨서 꿈을 통하여 해결방안을 제공하다니! 나는 그동안 일말의 고마움도 느끼지 않은 채 무심하게 수용하였다. 이제부터는 꿈을 통한 뇌의 작용에 대하여 좀 더 관심과 애정을 가지고 들여다봐야겠다.

그렇다면 꿈을 적극적으로 활용한다면 살아가는 데에도 도움이 되지 않을까?

나는 꿈을 적극 활용하기 위해 먼저 책에서 읽었던 '점화효과'를 실제 체험해보기로 했다. '점화효과'란 앞서 경험한 자극이 자신의 의지와 상관없이 이후 정보의 해석과 판단에 영향을 주는 심리현상을 말하는 인지심리학 용어이다. 이것을 꿈을 통하여 적용해보기로 한다.

평상시와 달리 꿈속에서 강렬한 인상이나 선명한 이미지를 받게 되는 꿈은 중요한 메시지일 경우가 많다고 하였다. 이런 경우에는 꿈에서 바로 깨지 말고 서서히 깨어나면서 꿈속에서 받은 인상이나 이미지에 초점을 맞추며 눈을 감고 꿈속으로 다시 한 걸음씩 더듬어 들어간다.

특정한 표적을 지향할수록 연결되는 꿈의 스토리가 실타래 풀리듯 전개되는데 이것이 '점화효과'이다. 잠들기 전에 꿈에 주의를 기울이기로 마음먹으면 더 큰 효과를 기대할 수 있으며 가능한 한, 꿈속 체험을 평가하지 말고 단지 회상만 하라고 한다. 그다음 단계는 꿈을 진지하게 받아들이며 꿈이 상징하는 메시지를 음미해보는 것이다. (위의 스테판 클라인의 책을 참고하였다.)

나는 이렇게 꿈을 생활에 적극적으로 활용은 하되 지나치게 맹신하거나 꿈의 내용에 집착하는 어리석음은 경계하려고 한다. 비록 꿈이 나의 미래를 예지한다고 하더라도 내가 꿈이 상징하는 메시지를 완벽하게 해석할 수가 없기 때문이다.

꿈을 나의 잠재의식이 나에게 보내는 경고나 일깨움으로 받아들여, 다가올 화를 사전에 대비할 수 있도록 나의 언행을 돌아보고 사려 깊은 행동으로 대처하고 싶다. 비가 오는 것 자체를 막을 수는 없지만, 사전에 우산을 준비한다면 비에 젖는 것을 최소화할 수 있지 않겠는가.

문득 꿈 해몽 전문가인 홍순래 선생의 말이 떠오른다.

> 꿈의 좋고 나쁨을 떠나 자신 스스로가 운명의 주체가 되어 미래지향적 삶을 살아야 한다. 꿈은 신이 우리 인간에게 부여한 최대의 선물이다.
>
> (출처: 홍순래 박사, 《꿈 해몽》, 어문학, 2014)

꿈을 공부하다 보니 밤이 기다려진다.
오늘 밤에는 꿈이 또 어떤 메시지를 전해올까?

호기심과 설렘으로 쉬이 잠을 못 이룰 것 같다.

표절 시비를 보며

모처럼 TV 뉴스를 보게 되었다.

어느 대선주자 부인의 논문 표절 시비로 세상이 떠들썩하다. 얼마 전에는 고위직 공무원과 다른 대선주자의 논문 표절이 화제에 올라 시끄럽더니 잠잠해지기도 전에 또 표절이 입방아에 올랐다.

논문 심사 때는 문제가 없던 것이 이분들이 어느 중요한 자리를 차지하려고 할 때면 여지없이 터지곤 하는 게 바로 표절 시비다. 비단 표절 시비만이 아니다. 잘 알려진, 존경받는 인물들의 청문회 때에도 이들 집안의 떳떳하지 못한 일들이 이것저것 양파껍질 벗겨시듯 소상하게 밝혀져, 지켜보는 사람들의 마음을 불편하게 한다.

이런 기사들을 접할 때마다 느끼게 되는 점은 두 가지다.

하나는 '세상에 영원한 비밀은 없구나!' 하는 것이다.

과거 수십 년 전의 일은 고사하고 이들이 세상에 나기도 전, 부모 세대의 비리까지 낱낱이 들추어 시비를 따진다. 무서운 세상이다.

죄의 경중이 문제가 되겠지만 이렇게 따져본다면 어느 누가 이러한 시비에 자유로울 수 있을까?

또 한 가지는 도덕성이나 윤리적 측면에서 당사자나 그 배우자의 오래전 잘못이 지금 주어진 역할을 수행하는 데에 치명적인 문제점이 될 수 있을까, 하는 의문이다. 과거 잘못을 저질렀을 때의 시대적 상황이나 개인적 정황, 세상 사람들의 보편적 인식 그리고 잘못한 행위로 인한 피해의 정도 등을 면밀하게 살펴봐야 할 것이다.

세상에 변하지 않는 영원한 것은 없다. 시시각각으로 변하는 것이 사람의 마음이다. 누구나 순간의 충동이나 욕심으로 한때 잘못을 범할 수 있다. 중요한 것은 지금, 여기에 존재하는 이 인물이 현재 어떤 생각과 행동을 하며 살고 있는가가 아닐까?

돌이켜보면 나 역시 이러한 비난에서 완전 자유롭지는 못할 듯하다. 크게 보면 문제가 없겠지만, 가령 내가 중요한 자리를 맡게 되어 청문회에 서게 된다면 -그럴 일도 없겠지만- 과거 생각도 나지 않는 문제로 시비에 휩싸이지 않으리라 어떻게 자신 있게 얘기할 수 있을까. 비교적 조용하게 살아왔다고 생각하는 나도 이럴진대, 세상일을 많이 경험한 사람이라면 무탈하게 지나가기가 쉽지 않으리라 생각해본다. 잘못의 경중이 관건이 되겠지만 말이다.

문득 옛 직장 어느 상사의 말씀이 생각난다.

"지금 우리가 일을 하는 데 있어서, 지금 당장만 보지 말고 향후 5년 후, 10년 후를 내다보고 어떻게 될 것인가를 헤아리며 일을 해야 한다."

지금 당장은 관습적으로나 제도적으로 문제가 되지 않더라도 향후 제도나 세상의 인식이 변하면 문제가 될 수도 있음을 경고한 것이다.

앞으로 돌아가서 표절에 대한 생각을 더 해보고 싶어 표절에 대한 정확한 의미를 인터넷에 찾아봤다.

'다른 사람의 저작물의 일부나 전부를 도용하여 자신의 창작물인 것처럼 발표하는 행위'라고 되어있다. 좀 더 구체적으로 교육자원부 논문 표절 가이드라인(2008년)을 살펴보았다. '남의 표현이나 아이디어를 출처를 표시하지 않고 사용하거나 창작성이 인정되지 않는 짜깁기, 연구 결과 조작, 저작권 침해 가능성이 높은 저작물의 경우를 중한 표절'이라고 하였다.

진리를 추구하는 학문의 관점에서 논문 표절 문제는 좀 더 엄격하게 다뤄지리라 짐작이 되지만 나는 소설이나 수필 등 일반 창작 작품에 있어서 표절 문제를 생각해봤다.

몇 해 전, 잘 알려진 S 작가가 쓴 소설이 자신의 수필을 표절했다는 의혹을 제기하며 수필가 O 씨가 법원에 소송을 낸 적이 있었다.

치매에 걸린 어머니를 잃어버렸다가 가족들이 다시 찾는 내용을 표절했다는 게 그 이유였다. 그러나 작가의 소설과 수필 속 이야기는 치매에 걸린 인물이나 배경, 스토리 전개 방식이 전혀 상이하였는데 표절 문제에 휩싸인 것이다.

이와 유사한 내용의 글은 다른 작품에서도 충분히 찾아볼 수 있는 소재가 아니었던가? 표절 기준을 어떻게 설정하느냐에 달려있겠지만 적어도 주인공의 동선, 인물 성격이나 구체적 배경 등에 있어서 유사성이 인정되어야 표절이 적용되지 않을까, 생각해본다.

표절이라는 개념은 타인의 저작권 침해를 보호하기 위해 생겨난 법적 용어이다. 저작권에 대해 좀 더 알아보니 저작권은 '인간의 사상이나 감정을 표현한 창작물인 저작물에 대한 배타적, 독점적 권리'라고 한다.

서양에서 저작권의 역사를 살펴보았다.

15세기 구텐베르크가 인쇄술을 발명하면서 출판업이 생겨나고 17세기 서양에서 화폐가 사용되기 시작하였다. 이어서 18세기 중엽 산업혁명이 일어나고 자본주의가 태동하면서부터 본격적으로 저작권이라는 개념이 발전하게 되었다고 한다. 즉, 저작권은 자신의 노동의 결과인 저작물에 대한 물질적 대가를 요구하는 법적 권리로서 이익추구를 지향하는 자본주의의 산물이다.

지적재산권이 존재하지 않아 표절이란 개념이 없었을 때는 모작과 위작은 처벌받기는커녕 권장되었다고 한다. 바하는 거리낌 없이 비발디의 바이올린협주곡을 끌어다가 하프시코드 협주곡으로 재현하여 훌륭한 작품으로 재창조하였다. 지금 우리가 이런 훌륭한 곡을 마음껏 감상할 수 있는 것도 그 당시 지적재산권이나 표절이라는 개념이 없었기에 가능한 게 아닐까?

나는 이런 생각을 해봤다.

세상에 나온 모든 생각과 글은 엄밀하게 따져보면 표절이요 모방 아닌가?

모방은 모든 예술 창작의 기본 원리라고 하는데, 다른 사람의 생각이나 글, 그림, 경험 등을 전혀 참고하지 않고 순수하게 자신의 머릿속에서만 독창적으로 생각해냈다고 어느 누가 자신 있게 얘기할 수 있을까?

글의 경우 어휘의 차용이나 비유, 묘사 등에 있어서 타인의 작품 표절이나 모방 시비로부터 100% 자유로운 작가가 존재하기나 할까?

"유능한 예술가는 모방하고, 위대한 예술가는 훔친다"라고 피카소가 한 말이 떠오른다. 저 유명한 괴테나 루소, 몽테뉴, 톨스토이 같은 예술가도 자신의 글이 어느 누구의 영향도 받지 않았다고 자신 있게 말할 수 없을 것이다. 그들 역시 표절이나 모방의 시비에서 완전히 자유로울 것 같지는 않다.

얼마 전 신문에서 봤던 글이 생각난다. 일본의 음악가 사카모토 류이치 곡을 국내 뮤지션 Y 씨가 표절했다는 의혹에 대하여 사카모토 씨가 했다는 쿨한 말이다.

> 내게도 내가 사랑하고 존경하며 많은 것을 배운 바하나 드뷔시에게 강한 영향을 받은 몇몇 곡이 있다. 모든 창작물은 기존 예술의 영향을 받는다.
>
> (출처: 김태훈, 〈[만물상] 표절〉, 조선일보, 2022.06.22.)

예술가가 자연현상을 사진 찍거나 흉내 내어 그림을 그려 작품을 내고, 발명가가 자연으로부터 베껴서 발명을 했을 때 우리는 자연을 모방했다고 비난하기는커녕 박수를 친다. 자연은 대가를 요구하지 않기 때문에 우리는 이들이 모방한 작품으로 자연의 아름다움을 감상할 수 있고 문명의 혜택을 향유할 수 있었던 것이다.

비현실적인 상상이지만 순수 예술 창작활동으로 인류에게 기여한다는 대승적 관점에서는 저작권은 바람직하지 않은 권리가 될 수도 있다. 대가를 바라는 개인의 욕심이 사라지지 않는 한, 영원히 불가능한 상상이겠지만 말이다.

나의 경우를 생각해본다.

지금 내가 쓰고 있는 글들은 그동안 내가 자라면서 배우고 익힌 동서고금의 수많은 글이나 작품 등을 통해 얻은 지식이나 아이디어, 통찰이 뇌에서 수합, 여과하여 표현된 총체적인 산물일 것이다.

나의 글 중 어느 글 하나라도 내가 순수하게 독창적으로 생각했던 것이라고 떳떳하게 말할 수 있는 부분이 과연 얼마나 될까? 심히 의심스럽다.

글을 쓴다는 행위는 내 생각이나 느낌, 깨달음을 독자들과 공유하여 독자들에게 이로움이나 즐거움을 주기 위한 것이 주목적이라고 생각한다. 나의 글이 타인의 글을 인용하여 더욱 공감력과 설득력을 갖는다면 독자들에게도 바람직스러울 것이다.

이런 의미에서 본다면 타인의 글을 제멋대로 악용하고 남용하여 피인용자의 명예에 해를 끼치는 행위를 하지 않는다면, 타인의 글을 인용하는 사람은 감사하는 마음으로 기꺼이 출처를 밝힘으로써 피인용자의 명예를 돋워주고 피인용자는 자신의 글이 공유됨으로 한층 더 글 쓰는 보람을 느끼게 될 것이다.

진리를 추구하는 학술논문의 경우는 차치하고 적어도 예술 분야에서만큼은 저작권 시비 문제로 표현의 자유를 위축시키지 않았으면 좋겠다. 그리고 출처가 불명확한 부분에 있어서도 지나치게 저작권을 확대해석하지 않는 관용이 필요할 듯싶다.

이상이 요즘 시끄러운 창작물 표절 시비에 대한 나의 솔직한 생각이다.

하늘을 날다

몸이 두둥실 떠올랐다!

체육관 같은 큰 건물 안에서 많은 사람이 모인 가운데 나는 양팔과 두 다리를 벌리고 힘껏 날갯짓하고 있었다.

몇 번의 허우적거림 끝에 이윽고 몸이 서서히 떠오른다.

나는 좀 더 힘차게 양팔을 저으며 공중 위로 쑥쑥 치고 올라간다. 몸은 탄력을 받아 위로, 위로 솟아오르고, 얼마 지나지 않아 나의 몸은 체육관 높은 천장 철제 골조 근처까지 이르게 되었다.

나는 지금 구름처럼 떠있다.

문득 아래쪽을 내려다보니 사람들의 모습이 개미처럼 조그맣게 보인다. 그들은 얼굴을 위로 향하여 나를 보더니 일제히 탄성을 내지른다.

"와~!"

곧이어 왁자지껄한 체육관이 갑자기 조용해진다. 정적까지 감돈다.

나는 우주 탐험 대원이 달나라 우주선 안에서 슬로모션으로 날아다니듯 체육관 천장 근처를 이리저리 오간다.

얼마나 지났을까.

나의 몸은 서서히 아래로 향했고 얼마 후 바닥에 가볍게 착지했다.

사람들은 나를 향해 모여들어 인기 연예인에게 하듯 내 주위를 삥 둘러싼다. 인파 중에는 처남도 눈에 띈다. 나는 그들에게 향후 나의 우주여행 계획을 얘기했고 처남은 1,500불어치의 우주 식량을 제공하겠다고 했다. 또 S그룹에서도 38명의 박사급 연구원을 나의 우주여행 계획에 참여시키겠다고 했다.

그리고 이어지는 장면은 내가 곧 우주여행을 함께 떠날 나이 어린 학생 두 명에게 하늘을 떠다니는 공중부양술을 훈련시키고 있었다.

이 장면에서 어렴풋이 잠이 깨는 듯했다.

아직도 나의 가슴은 하늘을 날았던 감격과 우주여행에 대한 기대로 벅차올라있었다. 가만히 가슴에 손을 대보니 심장이 흥분하듯 뛰고 있었다.

아~ 꿈이었구나!

문득 침대 옆 책상 위에서 나를 지켜보고 있는 하얀 레빗 천사를 돌아봤다.

목에 희고 투명한 염주를 두르고 두 눈을 또렷하게 뜨고 나를 밤새 지켜주는 든든한 친구다. 평소 나는 자기 전에 이 친구를 곁에 두고 잔다. 가까이서 꿈속의 나를 지켜보며 내가 힘들 때 케어해주기를 바라면서.

나는 이 친구를 손안에 품으며 입술에 대고 살짝 뽀뽀를 한다.

그리고 아직도 흥분이 가시지 않은 들뜬 목소리로 물어본다.

"너도 봤지? 내가 하늘을 나는걸!"

"봤지요! 두 눈으로 확실히 봤어요. 지금도 믿기지 않아요! 당신이 하늘을 날았다는 게. 정말 대단했어요!"

친구도 살짝 놀랐다는 듯 눈을 동그랗게 뜨고 대답한다.

'그렇구나! 이 친구도 봤다니, 분명 난 새처럼 공중을 날아다녔다구!'

또 한차례 감격과 희열이 휩쓸고 지나간다.

이 판타스틱한 꿈의 정체가 뭘까? 궁금했다.

스마트폰을 집어 들었다. 꿈의 해몽을 읽어본다.

장차 놀라운 능력을 발휘하여 사람들을 놀라게 하고 출세하게 된다는 암시입니다. 따라서 직장인이라면 초고속 승진을 하게 되고, 사업가라면 사업의 번성을 경험하게 되며, 작가라면 자신의 작품이 큰 인기를 얻게 되며, 학생이라면 학업성적이 크게 오르게 될 것입니다.

여기저기 좋은 해몽의 글을 읽게 되니 기분이 좋았다.
해몽대로 이번 글이 책으로 나오게 되면 대박이 나려나?

눈을 감는다.
조용한 아침 시간에 내 머릿속은 상상의 나래를 펼치며 분주하다.

어디선가 한 마리의 하얀 나비가 다가와 내 어깨에 사뿐히 내려앉는다.
서서히 흥분은 가시고 심장은 제 템포를 찾아가고 있었다.

긍정의 믿음으로

세상은 시그널로 가득 차있다.

우리가 의식하든 의식하지 못하든, 신은 우리에게 부단히 시그널을 통해 메시지를 전달하려는 듯하다. 직감으로 오기도 하고 지난밤 꿈으로, 또는 거리에서 우연히 보게 되는 숫자나 부호, 표지 등 다양한 형태로 메시지를 드러낸다.

왜 이런 일이 일어날까?

신은 자신의 본성을 본떠 만물을 창조했고 그 창조물이 각자 행복하게 살기를 바라기 때문 아닐까? 나는 언제부턴가 신에 대한 무한 신뢰를 갖기로 했다. 신에 대한 확증은 없지만 그렇게 나만의 믿음을 갖기로 한 것이다.

몇 가지 믿음을 정리해본다.

첫째, 신은 항상 나와 함께 있으면서 나를 지켜보며 보호해주고 있다.

여러 가지 형태와 상징으로 자신의 메시지를 드러내며 나를 보살펴주고 있다. 내가 길을 잃었을 땐 길을 비춰주고, 힘들어할 땐 위로해주며 힘내라고 하고, 두려움에 떨 때는 용기도 준다.

둘째, 내가 맞닥뜨리게 되는 일은 모두 나의 영혼의 성장을 위한 것이다.

나를 힘들게 하는 일이라 할지라도 궁극에는 모두 나를 돕기 위한 신의 뜻이 내재되어있다고 믿는다. 과거를 돌이켜볼 때 신은 내가 감당할 수 있는 고난만 주었고 그 고난의 뒤에는 항상 나의 성장을 위해서라는 신의 깊은 뜻을 읽을 수 있었다.

마지막으로 타자에 대한 나의 사랑과 공감이야말로 진정 신을 기쁘게 하는 것이라는 믿음이다.

신은 나의 숭배나 찬양을 바라는 대신, 내가 세상의 모든 창조물과 더불어 사랑하며 평화롭게 사는 것을 진정 바란다. 그리고 설사 내가 잘못된 생각이나 행동을 하여도 결코 화를 내거나 벌을 주지 않고, 자비와 연민의 눈길로 바라보며 내가 알아차릴 수 있도록 여러 가지 표식을 제시하며 올바른 길로 인도한다.

신에 대한 이러한 긍정적 믿음은 삶의 신비나 생명에 대한 외경으로, 또는 세상에 대한 신뢰, 때로는 영혼의 성장을 위한 가슴 뛰는 설렘으로 다가왔고, 나만의 종교가 되었다.

나는 이것을 일찍이 중학교 때부터 어렴풋이 감지한 듯하다.

거리를 걸으며 우연히 보게 되는 자동차 번호판의 숫자, 전화번호, 도서관 좌석 번호, 성명의 획수, 좋아하는 클래식 음악의 작품번호(opus), 유명한 스포츠 운동선수의 유니폼 번호, 심지어는 무심코 올라가게 된 계단의 수 등등에서 숫자의 신비를 읽고 그 숫자에서 의미를 찾으려고 하였다.

그뿐이 아니었다.

길거리를 가다 우연히 보게 되는 S형의 마른풀의 모양이나 Y형의 잔가지의 모양에서도 내가 모르는 큰 힘이 보내는 의미 있는 시그널로 생각하곤 했다.

그냥 흘려보내기에는 너무나 기이한 특정 숫자들과의 우연적 만남에서 나의 가슴은 떨렸고 신의 손길이 느껴졌다. 이런 특정 숫자나 기호들이 평소와는 달리 자주 눈에 띄었을 때는 그날은 예사롭지 않았다. 신의 예지를 확인할 수 있었다.

더러는 꿈을 통해서도 미래에 대한 예지를 감지할 수 있었다.

예를 들어 이런 것이다. 어젯밤에 꾼 꿈을 반추해본다.

학교에서 시험을 보고 있었다. 주관식 문제였는데 시험지를 받아들고 훑어보니 너무 어려운 문제였다. 제대로 쓸 수 있는 게 하나도 없었다. 난감한 심정으로 멍하게 있으려니 얼마 지나지 않아 일찍 끝낸 친구가 내 곁을 지나가며 나에게 꼬깃꼬깃 접은 커닝페이퍼를 슬쩍 건네준다. 나는 그걸 받아서 답안지를 헐레벌떡 겨우 작성할 수 있었다.

깨어나니 꿈이었다.

인터넷에서 이 꿈의 해몽을 찾아보고 메시지의 의미를 생각해 본다.

이 사례는 일종의 예지적인 것으로 볼 수 있는데 생활 속에서 찾아보면 이런 사례는 무수히 많을 것으로 생각한다. 우리는 단지 모르고 지나칠 따름이다.

나의 경우 과거에는 이러한 것들에 적지 않은 의미를 부여하고 집착하기까지 하였다. 이런 습관은 한동안 나를 흥분시켰고 일상의 삶에도 적지 않은 영향을 끼쳤던 것 같다. 좋은 상징을 봤을 때는 기대감으로 가슴이 설렜으나 그렇지 않을 때는 기분이 썩 좋지 않았다. 하루에도 감정이 롤러코스터를 탔다.

이런 믿음은 나뿐이 아니라 인간이라면 다양한 사회적, 문화적 영향과 경험을 통하여 만들어진 개인적 취향과 감성적 끌림, 개인적 심리상태 등에 의해 자연스럽게 형성되는 것 같다.

> 미국 국립과학재단보고서(2002.4. 발행)에 의하면 미국 성인의 60%가 초능력의 존재를 믿으며, 40%는 점성술이 과학적이라고 믿고, 32%는 행운의 숫자를 믿는다고 하였다.
>
> (출처: 마이클 셔머, 《스켑틱》, 이효석 역, 바다출판사, 2021)

그러나 이제는 그동안 영적 멘토들의 도움을 받아 다른 관점을 갖게 되었다.

나를 다시 보게 되었고 어떠한 환경에도 흔들림 없는 마음의 평정을 목표로 나만의 믿음을 정립하게 되었다.

신은 항상 내 곁에 있으며 나를 지켜보며 영적 성장을 돕고 있다는 확신을 가진 한, 주위에서 벌어지는 사소한 부침에 정신을 쏟거나 애쓸 필요가 없어졌다. 주어진 현실에 내가 할 수 있는 한, 최선을 다하고 결과는 신의 뜻으로 겸허하게 받아들인다. 신의 뜻이라고 여겨지는 상징적 메시지에 대해서는 다만 '그렇구나' 하고 알고 지나칠 뿐, 거기에 집착하여 마음속에 담아놓지 않는다.

최근 짜릿한 경험으로 또 한 차례 신의 존재감을 드러낸 사례 하나를 소개한다.

나는 창작물을 출판하는 데 들어가는 비용은 내가 스스로 벌어서 충당한다는 원칙을 세워놓았었다. 그래서 이번 책을 출판하기 위해 자발적으로 알바를 하였고 부족한 금액은 예술인 지원금 신청으로 충당하기로 하였다. 얼마 전 초고를 완성하여 드디어 자체교정 열 차례라는 목표도 끝나는 시점이 도래했다.

그런데 이게 웬일인가?

마지막 교정이 끝나는 바로 그날이었다. 신청했던 지원금 지급이 확정되었다고 통보를 받게 된 것이다. 이렇게 적기에 출판 비용이 모두 마련된 것이다! 기막힌 타이밍이다. 나는 기다렸다는 듯 출판사에 내 원고를 메일로 송부하였다.

돌아보면 나의 알바 일은 지인의 도움으로 어렵지 않게 성사되었지만, 지원금은 그동안 여러 번 신청 끝에서야 얻어낼 수 있었던 점을 감안해볼 때, 이번 사례는 나에게는 살 떨리는 경험임에 틀림없다.

그러니 이렇게 나를 곁에서 항상 돌봐주는 전지전능한 신(주인공)에게 어찌 무한신뢰를 갖지 않을 수 있겠는가. 영성가들의 표현으로는 '신과 나는 하나로 연결되어있으며, 나는 신에게 내 문제를 내맡겼고, 신은 내가 진정으로 원하는 것을 이루도록 해주었다'고 해석할 수도 있을 것 같다.

나의 경우 이런 사례는 비단 이번만이 아니었다는 사실은 '우리의 영성으로 세상에 풀지 못할 문제는 없다'는 웨인 다이어 선생의 말을 새삼 실감토록 한다.

이렇게 나의 믿음을 근간으로 일상에서 경험하는 일들을 비춰보고 성찰하여 나를 비워내면, 이 틈새로 신은 사랑으로, 깨달음으로 채워준다. 또한 성찰하고 행동함에 따라 강박이나 집착에서도 벗어날 수 있었고, 열린 마음으로 대상을 자연스럽게 수용하게 되었다.

아직은 갈 길이 멀지만 희망적이다. 신에 대한 무한신뢰와 긍정의 믿음이 생활 속에 녹아들어 습관화됨에 따라 나의 영적 수행도 더욱 성숙해지리라 확신한다.

'방송계의 퓰리처상'인 피버디상을 수상한 과학 전문기자인 '룰루 밀러'가 나에게 엄지척하며 미소를 띠며 나직이 속삭인다.

> 정신적으로 건강한 사람은 자신을 실제보다 더 매력적이고 잘 도우며 더 지적으로 보고, 과거 자신의 실패보다 성공한 경험을 더 잘

기억해 냈죠.

최근 심리학자들의 연구 결과에 의하면 극단적인 부인이나 기만은 적응에 해롭지만, 작은 장미봉오리 같은 거짓말처럼 긍정적으로 살짝 왜곡된 세계관을 갖고 살아갈 때, 삶에 큰 동력과 행복을 가져다주는 등 이점은 셀 수 없이 많다고 해요.

(출처: 룰루 밀러, 《물고기는 존재하지 않는다》, 정지인 역, 곰출판, 2021)

시그널로 가득한 세상 속에서 영적 안테나를 높이 세워 가능한 한, 신에 대한 긍정의 믿음으로 나다운 삶을 사는 꿈을 꾸어본다.

'또 하나의 나'를 보다

봄비가 촉촉이 내리는 주말이었다.

우산을 받쳐 들고 어제 택배로 받은 새 스마트폰에 기존 폰의 데이터를 이전하기 위해 가까운 S 서비스센터를 찾았다. 서비스 문의를 했더니 안내 직원이 해당 서비스 담당 직원이 휴근이라 인근 서비스센터로 가보라고 한다. 그래서 단순한 일인데 다른 직원이 그 업무를 대체할 수 있지 않겠냐고 반문했더니 안내원은 할 수 없다고 잘라 답한다.

순간 살짝 짜증이 났다.

이 센터에는 수십 명의 직원이 근무하고 있는데 이 간단한 업무에 대해 담당자가 없다고 다른 지역 서비스센터로 가라고 하는 건 얼른 이해가 가지 않았다. 그리고 비도 오고 거기까지 걸어서 다녀오려면 왕복 한 시간은 걸리기 때문에 불편하기도 하였다. 이전 같으면 언성을 높여 몇 마디 항의라도 했을지 모른다. 그런데 이번엔 달랐다.

불만 섞인 얼굴을 한 내가 보였다.

겉으로 내색하진 않았지만 당장 원하던 일이 잘 안 풀렸다고 짜증을 내려는 나를, '또 하나의 의식(나)'이 연민의 눈으로 보며 나직이 한마디 건넨다.

"이게 짜증 낼만한 일인가? 센터에서는 자네가 알지 못하는 사정이 있을지 모르지 않는가? 이런 사소한 일에 자네의 소중한 에너지를 낭비하다니! 이 상황은 자네에게 오히려 이로운 일이지 않을까?"

에너지를 낭비하다니, 또 오히려 이롭다니! 이게 무슨 궤변인가?

순간 의문이 들어 따지듯이 고개를 쳐든다.

'또 하나의 나'는 기다렸다는 듯 어깨를 토닥이며 덧붙여 말한다.

"짜증을 내고 화를 내는 감정의 변화는 상당한 에너지를 소모하게 되는데 이런 하찮은 일은 그럴만한 가치도 없지 않을까? 좀 더 생산적인 일에 써야지. 그리고 더 걸어야 하는 일은 요즘 추워서 하루 만 보 걷기를 제대로 하지 못하는 자네에게 좋은 기회가 되기도 하고, 또 근육을 기르기 위해 열심히 계단 오르기 훈련을 하던데, 시험해볼 기회가 될 것 같은데."

듣고 보니 과연 고개가 끄덕여지는 말이다.

내 생각이 짧았구나!

이렇게 생각하니 잠깐이나마 마음속으로 짜증을 냈던 내가 부끄러웠다.

얼굴에 부딪히는 빗방울이 싱그러워졌고 발걸음은 가벼워졌다. 그날 인근 센터로 가서 볼일을 보고 집에 도착하여 만보기를 봤더니 하루 목표치인 만 보가 훨씬 넘어있었다.

이와 비슷한 사례로 며칠 전 경험했던 일이 생각난다.

저녁을 먹고 낮에 많이 걸어서 굳이 산책하고 싶지 않았지만, 식빵을 사야 한다는 명분을 만들어 가벼운 산책에 나섰다.

얼마 지나지 않아서 비가 조금씩 떨어지더니 급기야 굵은 빗줄기가 우수수 떨어지기 시작한다. 낭패였다. 하지만 주위를 살펴보니 마침 가까운 곳에 편의점이 있었다. 마침 편의점이 있어 비도 별로 맞지 않아 다행이다 싶었다. 편의점에 들어가 잠시 숨을 고르고 비가 그치기를 기다렸으나 쉬이 그칠 것 같지 않았다.

거기서 가벼운 비닐우산을 샀다.

그리고 편의점을 나서서 얼마 가지 않았는데 금방 비가 그치고 만다.

"아~ 1, 2분만 더 참았더라면 우산을 사지 않아도 되는 건데…."

나의 조급함에 대한 후회로 기분이 살짝 좋지 않았다. 변덕스러운 날씨를 탓하며 짜증을 내는 나를 본다.

이윽고 빵집에 들러 빵을 사고 문을 나서게 되었는데 또 한차례 비가 뚝뚝 떨어지더니 곧이어 소나기가 죽죽 쏟아진다. 나는 기다렸다는 듯 가지고 있던 우산을 기분 좋게 쑥 빼 든다. 그리고 주위에 혼비백산하여 뛰어가는 사람들을 보고 의기양양하게 여유 있는 미소를 흘린다.

우산을 쓰고 한참을 걷다가 나를 돌아보게 되었다.
이 짧은 시간에도 감정의 롤러코스터를 타고 몇 번이나 울다가 웃고 또 웃다가 울고 또다시 웃는 내가 있었다.

"자신의 사소한 행동에 끊임없이 자책하고 내가 통제할 수 없는 사소한 자연의 변화에도 이렇게 일희일비하는구나!"

위의 두 가지 경험 사례를 돌이켜보며 조그마한 깨달음을 얻게 되었다.

우리는 흔히 당장 눈앞에 벌어지는 일만 보고 판단하거나, 자기만의 색안경을 끼고 보게 됨으로써 온갖 감정의 소용돌이에 휩싸이게 된다. 변덕스럽고 다양한 감정의 변화는 정신적 에너지를 소진시키고 이성적 판단을 방해하여 다른 행동에도 부정적 영향을 끼치게 된다. 악순환이 이어지는 것이다.

세상일은 알 수가 없다.
우리가 아는 것은 빙산의 일각에 지나지 않는다. 눈앞에 벌어지는 일이 앞으로 자신에게 이로울지 해로울지 아무도 예측할 수 없다.

그래서 고대 헬레니즘 시대 철학자 에피쿠로스는 세상 속에서 인간의 감각적, 본능적 욕구 충족을 하면서도 극기와 절제로 흔들리지 않는 마음의 평정을 추구하는 아타락시아(ataraxia)를 철학의 궁극적 목표로 한 것이 아닐까 싶다. 또한 몽테뉴 선생은 《수상록》에서 우리가 맹세코 확신할 수 있는 것은 거의 없기에 눈앞에 벌어지는 현상에 대해서 판단을 유보(에포케)하라고 하였다. 우리나라 옛 고승인 원효 스님이나 경허 스님의 가르침이나 행적도 이와 다르지 않다.

바둑을 둘 때도 이 같은 경험을 흔히 하게 된다.

내가 두었던 수가 잘못된 판단으로 드러나면 후회하고 자책에 휩싸이게 되는데, 이럴 때 크게 동요하지 않고, 평정한 마음으로 지금 직면한 상황에서 최선의 수를 찾아 한 수 한 수 두어갈 때, 결국 승리할 확률이 높아지는 것을 알 수 있다.

또한 한참 바둑을 두다 보면, 먼저 잘못 두었다고 했던 수가 우연히 축머리에 있게 된다거나 또는 상대의 실수로 인해 생각지도 않게 오히려 전화위복이 되는 경우도 심심치 않게 보게 된다. 이렇게 앞일은 알 수 없는 것이다.

문득 고개를 들고 저 멀리 푸른 하늘을 쳐다본다.

넓고 깊은 대양(大洋)의 마음을 가진 '또 하나의 나'가 있다.

이 대양의 마음이 현실에서 잦은 감정의 변화에 끊임없이 시달리며, 쉴 새 없이 부딪히는 잔물결의 마음을 내는 나를 따듯한 연민의 마음으로 부드럽게 지켜본다. 한 점의 질책이나 비난의 눈길도 주지 않고.

넓고 큰 가슴은 다가와 나를 감싸고, 부드럽고 따듯한 손길이 나의 등을 토닥인다. 나를 일으키는 강렬한 힘이 느껴진다.

주인공의 평온하고 포근한 기운이 가슴속에 스며들며
열락의 기쁨이 차오른다.
이렇게 나의 몸과 영혼은 하나가 되었다.

또 하나의 설렘

상황 #1

어느 연수원에서 오랜 기간의 교육을 수료하고 마무리하는 자리인 듯하다. 모두 행복한 표정이다. 나는 어느 수료생을 축하하며 기념사진을 찍고 있었는데 난데없이 예쁜 고양이가 들어와 함께 사진을 찍었다. 이 고양이가 누구의 소유인지는 분명치 않지만 자연스럽게 포즈를 취하며 같이 어울렸던 것 같다.

상황 #2

보스턴백을 들고 입구에서 간단히 접수를 마치고 목욕탕을 찾아 계단을 내려간다. 나선형 계단을 돌고 돌아서 한참 동안 아래로 몇 개 층을 내려간 것 같다. 탕 안을 보니 벌써 많은 사람이 목욕을 즐기고 있었다.

옷을 벗어 옷장에 넣고 탕 속으로 들어갔다. 따뜻한 물에 몸을 담그고 기분 좋은 목욕을 마쳤다. 문을 열고 나와 옷을 입는다. 옷 바구니에 낯익은 갈색 목티가 유난히 눈에 띈다. 내가 겨울에 즐겨 입던 그 옷이었다.

이렇게 나는 지난밤 두 개의 꿈을 꾸었다.

꿈에서 깨어서도 한동안 움직이지 않고 가만히 있으면서 방금 꾸었던 꿈을 재생해본다. 두뇌 속 해마가 꿈을 놓치지 않고 기억으로 저장하기 위해서다. 그리고 일단 꿈을 대략 회상했다고 판단되면 꿈 일기에 내용을 기록한다. 가능한 한, 보고 듣고 느꼈던 모든 정보를 -사소하다고 생각되는 것까지도- 적도록 한다.

이상은 책에서 읽었던 내용을 나도 한번 따라서 시도해본 것이다.

책에서 저자는 꿈의 긍정적 효과를 강조하며 이렇게 말한다.

> 당신은 지혜와 창조적 영감과 강력한 해답을 꿈에서 받게 되고 꿈이 제시한 가이드를 실행에 옮기겠다고 선택하기만 한다면 삶을 한 단계 더 업그레이드할 수 있다.
>
> (출처: 아테나 라즈, 《나는 왜 그런 꿈을 꾸었을까》, 김정은 역, 정신세계사, 2022)

이렇게 우주는 꿈을 통하여 우리가 내면의 창조적인 직감을 되찾도록 하여 우리의 삶을 더욱 충만하고 풍요로운 삶을 살게 할 뿐만 아니라, 정신이 어떤 부분을 더 계발해야 하는지 계속 메시지를 보낸다고 저자는 말한다.

그렇다면 지난밤 나의 꿈은 나에게 어떤 메시지를 전하려고 한 것일까?

곰곰 첫 번째 꿈의 의미를 생각해봤다.

꿈의 대략적 해석은 오랫동안 기다려왔던 것의 성취를 뜻하는 것 같다.

누군가를 축하하고 사진을 찍는 분위기와 사람들의 밝은 표정에서 느낌이 좋다. 그 누군가는 작은아이, 진호가 아닐까? 며칠 전 아이로부터 이달에 새 앨범이 나온다는 말을 들었기 때문이다(진호는 지금 싱어송라이터로서 '헤이즈문'이라는 이름으로 활동하고 있다). 아니면 어느 문화재단에 창작지원금 요청한 것이 보름 후에 발표되는데 좋은 소식이 있으려나? 지나친 기대는 자제하며 조용히 상상의 나래를 펴본다. 한편 예쁜 고양이는 또 무엇을 뜻할까? 혹시 예쁜 손녀딸, 예린이를 상징하는 걸까? 도무지 알 수가 없다.

책에서 저자는 동일한 꿈을 꾼다고 하더라도 사람마다 그 의미를 달리 해석하게 된다고 한다. 사람마다 축적된 경험과 대상을 보는 관점이 다르기 때문이다. 그래서 자신의 꿈 일기를 적으며 꿈과 현실을 비교하며 데이터를 축적하다 보면 자연스럽게 자신에게 적용되는 꿈의 의미를 알 수 있다고 하였다.

다음, 두 번째 꿈의 메시지에 대해서 생각해본다.

이 꿈은 잠에서 깨기 직전에 꾸었던 것이어서 꿈속 이미지가 비교적 또렷하다. 꿈의 큰 줄기는 목욕탕을 찾아 아래로 내려가서 기분 좋은 목욕을 했다는 것이다. 목욕은 몸의 피로를 풀기 위한 것이니 그동안 긴장감을 갖고 해오던 일을 끝낸다는 의미가 아닐까, 짐작해 본다.

그렇다면 지금 내가 올가을 출간을 염두에 두고 쓰고 있는 글의 초고를 잘 마무리한다는 예시(豫示)일까? 그리고 아래로 한참을 내려간다는 의미는 내면 깊숙이 존재하는 '참나'를 찾아 성찰하는 과정을 의미하는 것일 듯싶다. 그리고 목욕을 마치고 나와서 옷을 입을 때 옷장 속에서 겨울에 즐겨 입던 옷을 본 것도 나에게는 느낌이 좋다. 이 갈색 목티는 겨우내 글을 쓸 때 입었던 옷이 아니던가?

올가을 나올 내 책이 독자들의 공감을 얻게 된다면 더 바랄 나위가 없겠다.

나는 가능하면 꿈을 긍정적으로 해석하고자 한다.

꿈을 꿀 때는 에고가 무저항상태가 되고, 꿈은 무의식의 영역에서 자유로운 상태로 펼쳐지기 때문에 내면의 통찰을 얻기가 쉬워진다고 한다. 나를 언제나 곁에서 지켜보는 나의 주인공은 이런 기회를 활용하여 자연스럽게 내가 되돌아보고 제 길을 찾아갈 수 있도록 메시지를 주고 있는 것이라고 생각한다.

꿈은 내가 궁극적으로 더 높은 차원의 통찰과 예지의 상태로 가기 위한 수단이다. 단순히 '좋다', '나쁘다' 등 꿈에 평가 꼬리표를 붙이지 말고, 열린 마음으로 긍정적으로 받아들일 때 꿈은 비로소 나를 도와주기 시작한다고 믿는다.

나는 오늘 안전하게 내 꿈 세계를 탐험합니다. 나는 좋은 꿈을 꿀 것이고 아침에 그 꿈을 기억할 것입니다. 나는 내 꿈의 모든 측면을 샅샅이 들여다볼 준비가 되었습니다. 나는 진심으로 내 꿈이 내게 도움이 되는 가이드를 제시해줄 것을 바랍니다.

오늘 밤에도 나는 책에서 배운 대로 침대 옆에 꿈 노트를 두고 이 말을 읊조리며 또 하나의 세계에 들 것이다.

어떤 꿈이 나를 기다리고 있을까,
가슴이 설렌다.

우연의 신비

코로나로 확진되는 사람들의 숫자가 연일 수십만에서 떨어질 줄 모른다. 그동안 확진자가 세계적으로는 약 5억 명에 육박하고 사망자만 해도 600만이 넘는다('22년 4월 6일 현재). 이는 2차 세계대전 당시 나치에 의해 자행된 유대인 대학살 때 희생된 숫자와 맞먹는다. 지구가 직면한 엄청난 재난이 아닐 수 없다.

이 재난이 우리에게 주는 의미는 뭘까?

의미를 찾지 않으면 삶의 의미를 잃어버리는 인간에게는 일종의 통과의례 같은 질문이다. 많은 사람이 진지하게 이 질문에 답한다. 과거를 돌아보며 한마디씩 자성과 후회가 섞인 말들을 쏟아낸다.

그중에서도 제일 마음에 와닿는 말은 자연에 대한 인간의 이기심과 환경을 돌보지 않은 인간의 오만, 무절제한 소비에 대한 각성 같은 것이 아니었나, 생각한다. 공감한다.

나의 생각을 정리해본다.

무엇보다도 먼저 떠오르는 생각은 '모든 인간은 평등하다'라는 것이다.

건강한 사람이나 연약한 사람, 부자나 가난한 사람이나, 높은 사람이나 낮은 사람, 어느 인종, 어느 민족, 어느 국가, 어느 사회든 지구상에 사는 인간들은 모두 이 바이러스로부터 자유롭지 않다는 사실이다.

우리의 분별심으로 보면 인간을 상하, 선악, 호불호, 미추 등으로 구분하여 판단하고 평가할 순 있겠지만, 우주적 관점에서 본다면 호모 사피엔스 내 개체별 차이는 정도의 차이가 있을 뿐, 본질적 차이는 거의 없을 듯하다.

좀 더 시야를 넓혀서 인간과 동식물과의 관계도 이와 크게 다르지 않을 것 같다. 이 지구상에 존재하는 모든 생명체는 우주의 별에서 생성된, 동일한 화학원소와 유기물로 구성되었고, DNA를 가지고 제각기 고유한 개성과 능력으로 주어진 본성에 따라 살아가기 때문이다.

다음으로는 '우리는 모르는 것이 너무 많다'라는 사실이다.

우리는 태어나서 극히 제한된 세계만을 경험하고 그 외의 세계에 대해서는 전혀 알지 못한 채 죽는다. 최근 과학의 발달로 전보다 훨씬 많은 세계를 알 수 있게 되었지만, 아직도 우주를 구성하는 내용물의 95%는 전혀 모르고 있다고 한다.

예컨대 지금 창궐하는 이 보이지도 않는 바이러스가 어떻게 출현하게 되었는지, 실체가 뭔지, 3년이 되었음에도 아직 그 본질을 시원하게 밝히지 못하고 있지 않은가? 이런 인간의 지적 능력의 한계를 보면 우리는 새삼 겸손해질 수밖에 없다.

이뿐인가? 인간 중심적 사고로 다른 생명체를 보는 오만과 오류는 물론, 같은 종의 인간끼리도 차별적 시각으로 보는 것 또한 인간의 무지와 어리석음의 산물일 터이다. 그래서 작가 조지프 콘래드는 "앞뒤가 뒤죽박죽이고 모순적으로 보이는 이 세계에서는 어떤 것에 대해서도 확신하지 않는 것이야말로 진정한 현명함이다"라고 하지 않았을까.

마지막으로 우리가 경험하는 사건들은 지극히 우연적 산물인 듯하다.

삶을 돌아보면, 태어나서 무덤에 들어가기까지 나의 삶을 결정하였던 주요한 포인트들은 나의 자유의지나 능력에서 비롯된 것이기보다는 생각지도 않았던 사람이나 책, 사건들과의 만남 등 우연으로 빚어진 것들이었다.

나는 이렇게 우연히 발생한 듯한 사고나 사건들에 대해 의미나 필연성을 부여하기 위해 부단히 애를 쓰기도 했다. 신을 떠올려 신의 뜻을 헤아리고, 영성가의 말에 귀 기울이며 삶의 신비를 이해하려고 하였다. 그뿐인가. 때로는 인지부조화(認知不調和)의 불편을 해결하기 위해서 자기변명을 늘어놓고 갖가지 사회 이론들을 끌어오기도 하고, 살다가 우연히 경험하게 되는 행운을 나의 능력으로 착각하여 오만하거나 분수에 넘치는 욕심에 빠지기도 했다.

문득 얼마 전에 읽었던 미국 작가 필립 로스의 소설《네메시스(Nemesis)》의 장면들이 떠오른다.

소설 속 주인공 버키 캔터는 바이러스에 의하여 급성 마비를 일으키는 질환인 폴리오에 걸렸을 때 이를 타인에게 전염시켰다는 죄책감에 휩싸인다. 급기야는 자신의 모든 것을 포기하고 우연히 던져진 덫에 목이 걸린 채, 그 덫을 스스로 더욱 동여매어 자신의 불행을 마치 운명적이거나 필연인 듯 생각하는 인간의 나약함을 보여준다.

이와는 대조적으로 제자 아놀드 역시 폴리오의 희생자였지만 자신의 불운을 우연히 빚은 불운, 비극적 사고였을 뿐이라고 생각한다. 그는 운명에 굴복하지 않고 휠체어와 목발, 지팡이에 의지한 채, 삶을 개척해간다. 장애인을 위해 휠체어 접근이 용이하도록 건물을 개조하는 전문 건축회사를 차려 성공하고 사랑하는 사람과 단란한 가정도 꾸민다. 그는 말한다.

> 사람의 운은 좋아지기도 하고 나빠지기도 한다. 누구의 인생이든 우연이며 수태부터 시작하여 우연-예기치 않은 것의 압제-이 전부다. 나는 캔터 선생님이 자신이 하느님이라 부르던 존재를 비난했을 때 그가 정말로 비난하고 싶었던 것은 바로 우연이라 생각한다.
>
> (출처: 필립 로스,《네메시스》, 정영목 역, 문학동네, 2015)

하지만 우리가 말하는 우연이란 필연의 다른 이름인지도 모른다.

우리가 맞닥뜨리게 된 사건들이 어떤 인과로, 어떤 의미로 나에게 오게 되었는지 모르기 때문에 우리는 단지 우연으로 부르는지도 모른다.

그래서 인문학자 김운하 씨는 "세계는 우연과 필연의 기묘하고 역동적인 그것이 씨줄과 날줄로 꼬이고 짜여 만들어지는 하나의 아름다운 태피스트리다"라고 그의 책 《우연의 생》에서 말하지 않았을까.

나의 경우에도 이와 유사한 일이 일어났었다.

우연히 주어지는 행운에는 항상 어두운 그림자가 어른거렸던 것 같다. 예컨대 나의 두 번째 암이 발견되었을 때에도 바로 직전에 행운의 여신이 나에게 분에 넘치는 행운을 가져다주었다.

어느 아파트 분양을 위한 모델하우스 구경을 갔다가 우연히 내가 뽑은 추첨권이 당첨되어 고가의 명품 핸드백을 그저 얻게 된 것이다. 이것이 곧 다가올 비극적 운명의 우연한 전조였는지, 아니면 미리 나의 운명을 읽은 신의 자상한 배려였는지 전혀 알 수 없다.

이런 상황을 빗대어 어느 옛 시인은 행복을 관장하는 티케 여신과 징벌의 여신인 네메시스는 자매지간인 듯, 늘 붙어 다닌다고 하지 않았을까.

소크라테스가 이미 얘기한 것같이, 우리가 아는 것은 '우리가 모른다는 사실뿐인' 줄도 모른다. 그러니 철학자 비트겐슈타인의 말대로 우리는 말할 수 없는 것에 대해서는 침묵하고, 기꺼이 받아들이되 일희일비하지 않고, 마음의 평정을 유지하는 것이 지혜롭게 사는 건지도 모른다.

나는 이것을 '우연의 신비'라고 부르고 싶다.

통유(通幽)의 세계

얼마 전 세계 최고수 신진서 9단의 바둑을 감상하게 되었다.

상대는 중국의 최고수 커제 9단이었는데 타이틀 매치로 기억된다. 시종일관 긴장을 풀 수 없는 박진감 넘치는 국면이 지속되었다. 해설을 맡은 이현욱 9단의 다양한 변화도 제시와 두 기사의 숨겨진 의도를 읽어주는 명쾌한 해설 때문에 더욱 흥미진진하였다. 한참 두 기사의 팽팽한 줄다리기가 진행되는 중이었다.

그런데 상당한 장고 끝에 신진서 9단이 전혀 예상하지 못했던 의외의 수를 두었다. 해설자도 깜짝 놀라게 한 수였다. 그 수는 당연히 착점하리라고 예상했던 수가 아니라, 자기의 대마를 돌보지 않고 버리는 수였다. 아마추어인 나도 볼 수 있었던 뻔한 수였는데 말이다.

그러나 얼마 되지 않아서 대반전이 일어났다.

그가 대마를 포기하고 둔 수로 인해 대마는 적의 수중으로 들어가게 되었지만, 두어가다 보니 지금까지의 팽팽하던 국면이 신 9단이 주도하는 흐름으로 완전히 바뀌었다. 놀라운 것은 AI(인공지능) 역시 처음 신 9단의 뜻밖의 신수가 놓였을 때, 이 수를 높이 평가하여 신 9단의 승률을 더욱 높였다는 점이다. AI는 이 신수의 의미를 정확히 읽고 있었던 것이다.

그렇구나! 신진서 9단과 AI는 서로 통했구나!

그가 인공지능(AI)에 가장 근접하는 수법을 구사해 '신공지능'이라 불리는 이유를 이제야 알 것 같았다.

신 9단의 '버린다'는 기이한 발상의 경지에 대해 생각해봤다.

노자의 《도덕경》에 "위학일익 위도일손(爲學日益 爲道日損)"이라는 말이 나온다. '학문을 한다는 것은 날마다 보태는 것이고, 도를 닦는다는 것은 날마다 덜어내는 것이다'라는 뜻인데 도에 이르려면 채우는 것이 아니라 비워야 한다는 의미다.

내가 얻고자 하면 주고, 가지고자 하면 버리는 것이야말로, 애쓰며 하는 일이 없는 듯(無爲)하면서 결국에는 스스로 원하는 대로(自然) 되도록 하는 오묘한 역설의 세계를 보여준다. 그러고 보니 신 9단의 바둑의 경지는 '도'의 경지에 오른 것임이 틀림없다. 이 충무공의 '죽고자 하면 살고, 살고자 하면 죽을 것이다(必死則生 必生則死)'라는 말도 같은 맥락일 듯싶다.

그동안 프로의 실전보를 감상하다 보면 심심찮게 자신의 말을 일부러 버리는 것을 볼 수 있었다. 아마추어는 쉬이 생각할 수 없는 발상의 전환이다.

버리고 비우면서도 궁극에는 바라는 대로 채워지는 깊고 오묘한 세계!

하수는 당장 눈앞에 보이는 것에만 신경을 쓰고 이익을 얻으려고 애를 쓰지만, 고수는 당장 눈앞에 보이지는 않지만, 머릿속에 큰 그림을 그리고 작은 것은 자연스럽게 버리고 두면서 결국에는 보다 더 큰 이익을 취하게 되는 이치다.

바둑의 위기구품(圍碁九品)에서 프로로 갓 입단하면 수졸(守拙)이라는 품계가 부여되는데 '큰 힘을 발휘하여 진격하기보다는 자기의 실력에 의하여 잘 방어한다'는 뜻이다.

이런 배우고 쌓는 단계를 지나 6번째 단계(프로 6단)로 올라가면 통유(通幽)라는 품계가 부여된다. '버리고 비우는 깊고 그윽한 경지를 안다'는 뜻이다. 이 단계는 배우고 쌓는 단계를 지나, 드디어 버리고 비우며 채워가는 또 다른 차원의 세계로 들어가는 패러다임의 대전환이 일어나는 것이다.

그렇다! 신 9단의 신수는 바로 통유의 세계를 지향하는 수였다.

조급하게 당장 눈앞의 대마를 살리는 대신, 더욱 원대한, 보이지 않는 큰 그림을 구상하며 흔들림 없이 당당하게 나아갔던 것이다. 원하는 것을 얻기 위해 스스로 작은 이익을 버릴 수 있는 그의 비범함과 단호함에 감탄하지 않을 수 없다. 나는 이런 경이의 순간을 맛보기 위해 오늘도 바둑에서 눈길을 뗄 수가 없다.

돌이켜보면 나의 삶에서도 당장 현재 눈앞의 작은 이익에 눈이 어두워 미래의 더욱 큰 것을 보지 못하고 놓쳐버렸던 일이 더러 있었던 것 같다.

나이가 들어서 이제야 눈앞의 이익이나 얕은 술수에 얽매이지 않고, 열린 시선으로 멀리 바라보며, 비워야 새롭게 채워지는 통유의 지혜가 조금씩 눈에 띄기 시작한다.

이렇게 한판의 바둑에서 또 하나의 삶의 지혜를 깨닫게 되었다.

글을 마치며

그동안 내가 움켜쥐고 있던 것들이 하나씩 힘을 잃고 허물어진다.

놓치면 큰일 날 듯하여 꼭 붙잡고 있던 신념이나 가치, 생각들, '나' 또는 '나의 것'이라고 하는 것들이 마치 피부의 각질 벗겨지듯 떨어지고 그 자리에 새살 돋듯 새로운 것들로 조금씩 채워진다.

매미가 허물을 벗어버리듯, 애벌레가 고치를 뚫고 아름다운 나비로 비상하듯, 나의 영혼은 더욱 가벼워지고 순수해진다.

"무언가 잃어간다는 것은 / 하나씩 성숙해 간다는 것이다"(〈시월〉)라고 오세영 시인은 말했다. 더 이상 잃을 것이 없을 때엔 남은 건 외로운 목숨 하나뿐이라고, 우리는 아름다운 이별을 갖기 위해서 오늘도 잃어가는 연습을 해야 한다고 시인은 말한다.

늦은 밤 잠자리에 들었는데 잠을 이루지 못한다.

웬일일까, 고민거리도 없는데…

평상시 머리만 눕히면 5분도 안 돼 꿈나라로 갔었는데….

한참 엎치락뒤치락하다가 문득 한 생각이 스쳤다.

혹시 오후에 그동안 써온 글의 최종 교정을 끝내고 출판사에 원고를 보냈던 것 때문일까? 의식적으로는 일말의 아쉬움도 느끼지 못했는데 말이다.

그럴지도 모른다.

비록 변변치 못한 글이지만 나의 사랑이 듬뿍 담긴 분신 같은 애들이니 무의식적으로는 살짝 불안과 아쉬움이 섞인 감정이 일었을지도 모른다.

하지만 이제는 아이들이 독립해야 할 때가 되었고, 나는 딸아이를 시집보내는 부모의 심정으로 흔쾌히 보내줘야 할 터이다.

아무쪼록 독자들의 많은 사랑과 공감을 받기를 기원해본다.